L'Eau des anges

DU MÊME AUTEUR

T'es rock ou t'es ringue, Gulf Stream, 2011.
Le Livre de la chasse à l'ennui, Fleurus, 2010.
Les Noces vermeilles, Gulf Stream, 2010.
La Brocante des cousines, Sedrap jeunesse, 2010.
Jean le peintre, Sedrap jeunesse, 2010.
Ils changent le monde, avec Emmanuel Brousse, Charlotte Grossetête, Fleurus, 2010.
N'importe quoi !, Thierry Magnier, 2009.
Le Secret de la vieille maison, Oskar jeunesse, 2009.
L'Œil de Seth, Gulf Stream, 2010.
Le Signe de Thot, Fleurus, 2007.
Comptines de la petite école, CPE, 2007.
Le Restaurant pour chats, D'Orbestier, 2006.
La Carte de l'or, Fleurus, 2006.
La Conspiration du harem, Fleurus, 2005.
Le Scarabée du cœur, Fleurus, 2005.
Les Chats sacrés de Bubastis, Fleurus, 2005.

BÉATRICE ÉGÉMAR

L'Eau des anges

un parfum d'histoire

roman

Galapagos

Galapagos est un label du Groupe L'Archipel

www.editionsarchipel.com

Si vous souhaitez recevoir notre catalogue
et être tenu au courant de nos publications,
envoyez vos nom et adresse, en citant
ce livre, aux Éditions de l'Archipel,
34, rue des Bourdonnais 75001 Paris.
Et, pour le Canada,
à Édipresse Inc., 945, avenue Beaumont,
Montréal, Québec, H3N 1W3.

ISBN 978-2-8098-0563-5

1

Je suis née à Grasse, le 30 avril 1353. Ma mère m'a mise au monde dans sa chambre, à l'étage, juste au-dessus de l'arrière-boutique d'apothicaire de mon père, dans laquelle elle l'aidait à préparer ses pommades et ses onguents. C'est peut-être pour cela que j'attache tellement d'importance aux odeurs.

Il paraît que le jour de ma naissance, il faisait beau. Mes parents y virent un présage de bonheur, et Dieu sait qu'ils avaient besoin d'espoir, en ces années-là. Ma mère était en ville quand elle ressentit les premières douleurs. Elle rentra tant bien que mal à la maison, soutenue par une voisine, et appela mon père qui travaillait à son officine :

— Guillaume, c'est l'enfant, il vient…

De l'avis de tous, mon père, Guillaume Augier, était un homme calme, mais à ces mots il se leva d'un bond, renversant ses précieuses poudres et ses potions. En quelques secondes, toute la maisonnée fut en émoi. Géraud, le jeune apprenti, courut chercher la sage-femme. Fanette, la cuisinière, sortit de l'office, une cuillère à la main, en balbutiant des phrases incohérentes :

— Sainte Vierge, si je m'y attendais ! Déjà, déjà… et mon repas qui n'est pas prêt ! Montez, Madame, prenez mon bras, faites bien attention à la marche.

Mais ma mère riait :

— Je connais mon escalier, ma bonne, et tout va bien…

La ventrière[1] arriva quelques minutes plus tard et donna ses ordres : Fanette et notre petite servante Jeanne devaient aller chercher du linge et faire bouillir de l'eau. Quant à mon père Guillaume, tout apothicaire qu'il fût, sa place n'était point dans une chambre d'accouchement : c'était là le domaine des femmes. Il dut patienter en bas, dans sa boutique.

Deux heures plus tard, Cécile mit au monde une belle petite fille. La ventrière fit sa toilette, la frotta de sel et de miel, l'emmaillota et la confia à son père :

— Elle est magnifique, murmura Guillaume.

Il s'approcha du lit où reposait sa femme, et lui tendit l'enfant. Le bébé entrouvrit les yeux et poussa un cri. Cécile le prit dans ses bras et lui caressa le front :

— Que tu es jolie ! Et toute douce. Ma douce…

L'apothicaire regarda sa femme. Ses longues tresses châtains sortaient de sa coiffe et lui glissaient sur l'épaule. Le bébé était lové au creux de son bras. Comme elle semblait jeune, ainsi, et fragile. Guillaume sentit la peur lui nouer la gorge ; ce sentiment ne le quittait plus depuis qu'il avait connu la peste, depuis qu'il avait vu mourir les siens… Que Dieu protège sa Cécile, son fils Colin et cette toute petite fille.

Ma mère interrogea son époux :

— J'aimerais l'appeler Douceline. Aimez-vous ce prénom, Guillaume ?

— C'est un très beau prénom, ma mie[2], et sainte Douceline veillera sur notre enfant. Reposez-vous maintenant !

---

1. Sage-femme.
2. Mon amie, ma chérie.

C'est ainsi que je fis mon entrée en la bonne ville de Grasse, dans la maison de Guillaume l'apothicaire, au milieu des parfums de cannelle et de girofle.

De ma petite enfance, je ne garde que de bons souvenirs ; mes parents s'aimaient d'un amour sans tache, et faisaient preuve envers moi d'une patience inépuisable. Je passai mes premières années fourrée dans les jupes de ma mère, ou dans celles de Fanette. Fanette était un personnage important ; elle régnait sur la cuisine, touillait des ragoûts et pétrissait des fouaces, la jupe blanchie de farine. Je restais des heures à la regarder faire. Pour m'occuper, elle me donnait un bout de pâte à pétrir ou une figue sèche à sucer :

— Prends cela, ma belle, et laisse-moi travailler !

Je me rabattais alors sur Jeanne, la servante. Quand je suis née, elle n'avait guère plus de treize ans, mais ses journées étaient bien remplies, et il lui restait peu de temps à me consacrer. Elle devait entretenir la maison, chercher l'eau à la fontaine et s'occuper du linge. De toute manière, Jeanne était une drôle de fille, qui parlait peu, souriait rarement, travaillait beaucoup et ne semblait pas attirée par les petits enfants.

Heureusement, il y avait Colin, mon aîné de deux ans. Il se trouva d'abord bien trop grand pour s'intéresser à la petite enfantelette que j'étais. Quand il vit que je tenais à peu près sur mes jambes, il m'invita à participer à ses jeux. Il rêvait de batailles et de chevaliers, et je devais prendre part à ses combats à grands coups de louche et de cuillère en bois.

— Sus, Douceline, sus ! Voici les Anglais, avec leurs grands arcs !

Je ripostais avec ma cuillère :

— Maudit soit l'Anglais, nous le battrons !

Attiré par le bruit, mon père arrivait, sourcils froncés :

— Colin, cessez donc ces jeux et venez m'aider à piler des herbes[1]. Et n'oubliez pas que les Anglais ne sont pas nos ennemis, mon fils ! Nous sommes provençaux, et les querelles entre Anglais et Français ne nous concernent pas.

Mon frère posait son épée de bois et le suivait, tête basse. Il révérait mon père, mais n'aimait guère le travail d'apothicaire qui me semblait pourtant si merveilleux.

Je me souviens d'un jour de mai, j'avais quatre ans à peine. Mon père était allé rendre visite à un notable de ses amis, et il en revint l'air préoccupé :

— Une troupe de routiers est en train de ravager la région. Notre ville va devoir prendre des mesures pour assurer sa défense.

Ma mère, qui rangeait des épices dans la boutique, reposa un pot de cannelle. Elle était livide :

— Où sont-ils ?

— Je ne sais… On les aurait vus près de Marseille. La cité a fermé ses portes et se prépare à une attaque.

C'est alors que Colin intervint, du haut de ses six ans :

— Papa, qui sont les routiers ?

Surpris, mon père se pencha vers nous. Colin se tenait, dans le couloir, les yeux brillants, et je me

1. Ici, il s'agit de plantes médicinales.

cachais derrière lui, sentant qu'il se passait quelque chose de grave. Mon père s'agenouilla pour être à la hauteur de son fils :

— Ce sont des brigands, d'anciens soldats désœuvrés, qui pillent et volent des villageois sans défense.

— Mais avant de venir ici, ils se battaient quelque part, ces soldats ? osa Colin, encouragé par la bienveillance de son père.

— Oui, contre les Anglais… Ou contre les Français, si ces hommes étaient aux ordres du roi d'Angleterre, ou de son fils, le Prince Noir. Ils se battent pour qui les paye.

— Ces combats ne finiront donc jamais, soupira ma mère.

— Ils vont venir à Grasse ? Ils vont nous attaquer ? fit mon frère, tout excité.

— Colin, s'écria ma mère, veux-tu te taire et ne pas dire de telles horreurs !

Mais mon père ne se formalisa pas, il poursuivit :

— Nous allons fortifier nos remparts, et si par malheur les routiers nous attaquent, mon fils, nous saurons nous défendre ! La ville s'est même choisi un capitaine.

— Mon père, si les routiers viennent jusqu'ici, je me battrai avec vous !

Mon père regarda Colin, sans rien dire. Peut-être fut-il étonné par la détermination de l'enfant, peut-être fut-il ému, je ne sais. Mais moi, je sentis des larmes rouler sur mes joues. La guerre, les soldats… j'étais loin d'avoir l'humeur belliqueuse de mon frère et tout cela me terrifiait. Ma mère s'en aperçut et me prit dans ses bras :

— Ma Douceline, ne t'inquiète pas. Les brigands ne viendront pas jusqu'ici, j'en suis sûre !

Elle avait raison, les routiers, cette fois-là, ne passèrent pas par Grasse. Quand le péril fut écarté, elle nous emmena à l'église, et c'est de tout cœur que je priai Dieu pour le remercier de nous avoir épargné ce malheur. Mais Colin fut très déçu de ne pas avoir à se battre sur les remparts de sa ville, avec son petit arc et son épée de bois…

Mes parents étaient heureux, mais savaient que le bonheur est chose fragile. En l'an 1348, quelques années avant ma naissance, la Provence connut l'un des pires fléaux que l'on puisse imaginer : la peste ! Cette terrible maladie fit périr un tiers des habitants de notre cité, et la défigura pour longtemps. Quand j'étais petite, je ne m'étonnais pas de voir des maisons inhabitées, laissées à l'abandon. Leurs volets cloués, leurs portes fermées faisaient partie de mon univers. Ce n'est que plus tard que je compris : la peste avait frappé les habitants de cette maison, et de celle-là, plus bas, et de cette autre encore. Les vieillards étaient rares ; ceux qui restaient devaient être taillés dans un bois aussi dur que l'olivier pour avoir résisté au mal. Quant à moi, je n'ai jamais connu mes grands-parents : la peste les a pris, elle a eu raison de leurs vieux corps en quelques jours, malgré les bons soins de mon père, qui exerçait déjà son métier d'apothicaire quand l'épidémie a ravagé la ville. Mais que peuvent les pastilles, les poudres et les vinaigres parfumés contre cette maladie affreuse ?

J'ignorais tout cela. J'aimais ma ville, enserrée dans ses remparts, bâtie à flanc de colline. Je me perdais dans le dédale de ses rues pentues traversées, çà et là, de ruisseaux.

La seule chose que je n'appréciais pas à Grasse, c'étaient les tanneries, installées au centre de la cité. Les peaux des bêtes fraîchement écorchées dégageaient une odeur de fauve, mais cela n'était rien encore. Pour devenir des pièces de cuir douces et souples, elles devaient tremper dans un mélange de chaux et d'herbes. Le secret de cette mixture était jalousement gardé, pourtant chacun savait que c'était la myrte de nos collines qui donnait au cuir une belle couleur verte, fort prisée, et qui faisait la réputation des tanneurs grassois. Les peaux marinaient pendant deux ans dans ce mélange, dans des fosses nauséabondes, en pleine ville. Évidemment, tout cela puait horriblement. Quand je passais dans le quartier des tanneurs, je ralentissais l'allure :

— Qu'y a-t-il, Douceline ?

— C'est l'odeur, maman, ça sent mauvais.

— C'est à cause des tanneries, ma douce, tu le sais bien ! Presse le pas, nous serons bientôt chez nous…

Cela m'incommodait au point d'en avoir la nausée. Pour mon bonheur et mon malheur, j'ai toujours eu le nez fin ; les senteurs, bonnes ou mauvaises, ont le pouvoir de me plonger dans le ravissement ou le dégoût. Je me délectais des parfums qui embaumaient la cuisine de Fanette, de l'arôme du pain qui cuit, du lait chaud, de la soupe aux herbes[1] et de la fouace. J'aimais sentir le manteau de laine de mon père, les draps de toile de mon lit que parfumaient des sachets de lavande, le bois ciré du comptoir de l'apothicairerie, et l'air pur des collines dont le moindre souffle était chargé d'effluves aromatiques. Mais certaines odeurs me rendaient malade :

1. Légumes.

celle du sang des bêtes mortes, des eaux usées jetées dans les rues, les relents de crasse et de sueur des mendiants auxquels ma mère faisait l'aumône, et surtout, cette puanteur. Elle me révulsait. Il me semblait qu'elle imprégnait mes vêtements, mon manteau, et jusqu'à mes cheveux. Le soir, quand je dénouais mes tresses brunes pour les peigner, je ne pouvais m'empêcher de les sentir, de les renifler avec méfiance, et si j'y trouvais le moindre relent suspect, je me penchais la tête en bas et je peignais ma chevelure, pour en chasser l'odeur détestée…

2

Notre maison de la rue Droite était pour moi la plus belle, la plus heureuse des demeures. L'échoppe d'apothicaire de mon père se distinguait par une enseigne en latin : « *Apothecarii* ». Une large ouverture sur la rue, en forme d'arcade, permettait aux clients de passer commande sans avoir à entrer ; il leur suffisait de s'installer devant le comptoir pendant que mon père ou son apprenti les servait. En contrepartie de cette commodité, la maison s'exposait aux courants d'air tout le temps que la boutique était ouverte. En été, c'était fort plaisant, mais en hiver mon père devait mettre un surcot fourré pour travailler sans souffrir du froid.

Une petite officine donnait sur l'apothicairerie ; mon père, aidé par ma mère, y préparait ses médicaments. C'est là qu'il rangeait ses alambics, objets de tous ses soins. Il en avait deux : un assez gros, en cuivre, avec lequel il préparait de l'eau de rose, et un plus petit et très fragile, en verre, dont il se servait rarement et qu'il m'était défendu de toucher.

J'aimais par-dessus tout voir mon père travailler dans sa boutique. Les murs étaient garnis d'étagères couvertes de pots et de boîtes soigneusement étiquetés. Ces pots me fascinaient, il me semblait qu'ils contenaient tous les trésors du monde. Quand il en avait le temps, mon père en prenait un et ôtait le couvercle :

— Regarde, Douceline, ce sont des noix de muscade. Elles viennent d'Orient.

— Où est l'Orient, mon père ?

— À l'est, là où le soleil se lève. Ces noix ont été récoltées en Arabie ! Des marchands les ont ramenées sur un bateau.

— Et qu'en ferez-vous ? Des remèdes ? Cela sent si bon, je suis sûre que cela fait du bien !

— Elles sont utilisées pour la cuisine, mais il ne faut pas trop en mettre, à fortes doses, c'est un poison.

J'écoutais, je regardais, et surtout... je sentais ! J'emplissais mes poumons de l'odeur étrange, piquante, douce ou fade, mais toujours enivrante, de ces épices et produits rares, venus du bout du monde : poivre, safran, cardamome, graines de genièvre, bois de santal, pains de sucre, poudre de gingembre... Plus loin, d'autres bocaux renfermaient des plantes plus courantes, que l'on ramassait dans les collines : thym, camomille, fleurs de lavande, feuilles de laurier et de romarin, sarriette, marjolaine, menthe, basilic... Mon père était le maître de ce royaume parfumé, et je l'en admirais de toutes mes forces. Il pesait ces merveilles dans une petite balance, les pilait dans des mortiers de pierre, les faisait cuire. Je n'avais qu'une envie : travailler à l'apothicairerie, comme lui. Il me tardait de grandir et d'avoir enfin le droit de passer mes journées dans cet endroit magique.

Ma mère Cécile travaillait aussi à la boutique. Elle était chargée de confectionner les bougies de cire parfumée qui ornaient les tables de fête des riches bourgeois de la cité ; elle s'occupait également de la fabrication des eaux de senteur. Elle allait sur le marché choisir les plus belles plantes, ou se rendait elle-même dans les collines pour y faire sa cueillette, accompagnée de Géraud, l'apprenti, de Colin et moi. Elle savait mieux que personne choisir les fleurs.

Alors que la passion de mon père était de soigner et de guérir, mon intérêt d'enfant se portait très clairement sur les préparations parfumées. Par chance, les deux se rejoignaient, puisque la médecine d'alors croyait que les senteurs vivifiantes purifiaient l'air. On combattait les maladies avec des vinaigres et des pâtes de senteur que l'on respirait en cas d'épidémie. Les pauvres imprégnaient simplement leur mouchoir de vinaigre, mais les nobles et les plus fortunés avaient des *pomanders*, des pommes d'ambre. C'étaient des sphères de métal ouvragé, de la taille d'une petite orange. Elles s'ouvraient, et l'on y plaçait du parfum solide. Ces pommes d'ambre venaient de l'Orient lointain, et ma mère connaissait des dizaines de recettes différentes pour fabriquer la pâte qui en faisait l'intérêt. Elle était composée d'ambre – un produit de grand prix que l'on trouve, paraît-il, dans le ventre d'un poisson géant appelé « baleine[1] » –, de cire, de résine et d'huiles parfumées. Ma mère aimait y mettre du bois de santal, de la poudre à la violette et de la noix de muscade, alors que je préférais l'odeur de l'encens. On portait la pomme d'ambre au cou, ou à la ceinture, suspendue à une chaînette. En période d'épidémie, il fallait la sentir aussi souvent que possible pour purifier l'air que l'on respirait.

Mon éducation se fit d'abord à la maison. Comme je grandissais au milieu des pots et des onguents, c'est tout

1. L'ambre gris est en réalité produit par le cachalot, qu'au Moyen Âge on confondait avec la baleine. On pensait que c'était un poisson.

naturellement que, grâce à ces bocaux, j'appris peu à peu à lire :

— Père, est-ce là le mot cannelle ? Puis-je essayer de le copier ?

Je tendais mon doigt vers le bocal qui, même fermé, m'évoquait une odeur délicieuse. Quand il le pouvait, mon père m'écrivait alors quelques lettres sur un bout de papier, mais il n'en avait guère le loisir : les clients défilaient dans la boutique, demandant qui une pommade, qui une potion contre la toux. Ma mère, de son côté, était souvent accaparée par les soins du ménage, et n'avait pas le temps de me montrer les lettres. Elle m'apprenait mes prières et m'enseignait la couture. J'allais avec elle à la messe du matin. Je m'agenouillais dans l'église froide, et je demandais à Dieu de donner la santé à mes parents, à mon frère Colin, à tous ceux que j'aimais. Je le priais de protéger notre ville et de nous donner de bonnes récoltes. Un jour, je levai le nez, intriguée par l'odeur qui sortait de l'encensoir en volutes de fumée blanche. J'arrêtai mes prières, et je humai, fermant les yeux pour mieux me concentrer sur le parfum. À mi-voix, je demandai à ma mère :

— Maman, pourquoi l'encens qui brûle à l'église n'a-t-il pas la même odeur que celui que nous utilisons dans l'officine de mon père ?

Ma mère me regarda, étonnée :

— Je n'ai pas remarqué de différence, Douceline…

— Pardon, ma mère, mais cet encens dégage un parfum de bois, un peu piquant, alors que celui que nous utilisons pour faire les pommes d'ambre est doux, presque sucré.

J'avais parlé avec animation et je m'arrêtai, un peu honteuse. Ma mère à son tour sentit attentivement l'encens, puis elle me dit, étonnée :

— En effet… Il se peut que cet encens-là soit moins pur, ou qu'il ait été coupé[1] pour faire de l'usage.

Elle me toucha le nez du bout de l'index et sourit :

— Je vois que ce petit nez commence à connaître son travail ! Mais taisons-nous, ma chérie, et reprenons nos prières…

Je baissai la tête et fis mine de prier, mais mon esprit était en ébullition. Je venais de découvrir que j'avais un talent particulier pour reconnaître ces parfums qui embellissaient ma vie. J'eus alors la certitude que de ce talent je pouvais faire un métier, que ce métier me passionnerait. Il me parut soudain que le monde était devenu plus grand, plus vaste, et que j'y avais ma place.

Je grandissais. Un jour, mon père, las de mes questions incessantes, eut une discussion avec ma mère à mon sujet. J'étais à la cuisine, en train de me chamailler avec mon frère, et la porte était entrouverte, j'ai tout entendu.

— Ma mie, Douceline montre beaucoup d'intérêt pour l'étude. Cette enfant mérite d'être instruite.

— Je le crois aussi. Notre fille est vive et curieuse, et j'ai grand mal à répondre à toutes ses questions.

Mon père poursuivit :

— Je n'ai pas assez de temps à lui consacrer, ni vous non plus, je le sais bien… Je pense qu'elle devrait étudier ailleurs qu'à la maison.

Ma mère posa son ouvrage sur ses genoux et regarda Guillaume :

1. Mélangé à une matière moins noble, et donc moins chère.

— Mais où, Guillaume ? Vous ne songez tout de même pas à la mettre à l'école ?

Mon cœur, soudain, battit plus fort. L'école ? Celle que je connaissais n'accueillait que des garçons, dont le plus jeune avait presque une tête de plus que moi. Mon frère y allait, et en revenait avec toute une bande de chenapans. Colin me disait que le maître était sévère et les battait souvent. Cependant, mon père la rassura :

— Je pensais plutôt au père Joseph, au couvent des dominicains. Il est savant et patient. Il connaît les plantes et serait un bon maître pour Douceline. Qu'en pensez-vous ?

Je grimaçai. J'avais vu ce moine plusieurs fois dans la boutique ; avec sa longue robe blanche, et son manteau noir, il ressemblait aux statues de l'église. Il me paraissait très vieux, sans doute serait-il sévère… Mais cette proposition plut à ma mère, et dès le mois de mars, je commençai à me rendre régulièrement au couvent des dominicains pour y recevoir les leçons du père Joseph. J'avais sept ans.

— Douceline, que lis-tu ici ?

Le père Joseph se pencha au-dessus de moi, son doigt maigre désignant une phrase dans un livre de prières. Je déchiffrai lentement, et le père hocha la tête, pour m'encourager :

— C'est bien, c'est bien !

J'aimais ces heures passées à étudier avec le vieux moine. Le lieu se révéla moins impressionnant que je ne l'avais craint. Les frères n'étaient que neuf, et au bout de quelques jours je les connaissais tous. Le couvent sentait le vieux bois, la cire d'abeille, l'encens et la soupe chaude. Tous les matins hormis le dimanche, Jeanne m'y conduisait. J'étais à peine éveillée, et je serrais contre mon cœur un sac de toile contenant mon plumier et mes exercices. Le père Joseph me recevait toujours avec bienveillance. C'était un homme bon, très instruit, et sa science me remplissait de respect. Il m'apprit mes lettres, le calcul, l'Histoire sainte, quelques rudiments de latin et de géographie. Il se montrait toujours très patient, et quand il jugeait que j'étais restée assez longtemps le nez penché sur mon ouvrage, il se levait et dépliait son grand corps:

— Viens, Douceline, tu as suffisamment travaillé pour aujourd'hui. Allons faire un tour au jardin…

C'était ma récompense.

Je le suivais, de toute la vitesse de mes petites jambes. Nous passions par le cloître. Je jetais un œil émerveillé au plafond de bois peint, peuplé d'anges souriants et de bêtes fantastiques, mais déjà le père Joseph arrivait au jardin.

Celui-ci était un petit paradis, beaucoup plus grand que le jardinet qui se trouvait derrière notre maison. Il se composait de quatre carrés qui, m'expliqua le père Joseph, symbolisaient les quatre éléments: l'eau, la terre, le feu et l'air, et aussi les saisons. Les allées qui les séparaient se dirigeaient vers les quatre points cardinaux, et représentaient la Croix du Christ. Au centre coulait une fontaine.

Les frères y cultivaient des dizaines d'herbes odorantes: menthe, mélisse, romarin, thym, serpolet, sauge, lavande, marjolaine, et bien d'autres dont je ne connaissais pas encore les vertus, comme l'absinthe, l'armoise grise, la nigelle, le fenugrec, la mauve… Le père Joseph m'expliqua leur usage:

— Tu sens cette rose parce que tu apprécies son parfum, mais sais-tu que ses pétales, mêlés à des feuilles de sauge, servent à fabriquer un onguent contre les crampes ? Ton père le connaît, sans doute…

J'étais remplie d'admiration pour son savoir. Il appréciait beaucoup mon père, et il me raccompagnait souvent à l'apothicairerie, sous un prétexte quelconque, pour y passer un moment et discuter. Je l'ignorais alors, mais le père Joseph dans sa jeunesse avait étudié la médecine et s'était intéressé à la chimie. Il me dit un jour que si Dieu ne l'avait pas appelé à son service, il aurait aimé être apothicaire, et je le crois volontiers.

Je passai plusieurs années à étudier au couvent, et à assister mon père qui travaillait dans sa boutique. Dès que j'en avais l'autorisation, je lui rendais de menus services : je hachais des herbes, je décortiquais des graines, je touillais des pommades. J'acquis bientôt quelques compétences, et j'en étais fière. De son côté, ma mère m'apprit à parfumer des bougies, à préparer des onguents à l'huile d'amande et à mettre en flacon des eaux de fleurs. Dès que je fus assez grande, je l'aidai à effeuiller des roses sauvages pour fabriquer la précieuse eau de rose. Il fallait une quantité énorme de fleurs pour obtenir un tout petit flacon. Les pétales, mélangés à de l'eau, étaient placés dans l'alambic que l'on faisait chauffer, et le liquide parfumé qui sortait de son long bec avait une odeur forte et écœurante. Cependant, dès que la préparation avait refroidi, c'était un délice. Ainsi, peu à peu, j'apprenais mon métier.

3

J'avais dix ans quand j'accompagnai mes parents pour la première fois chez maître Clémentis. Ce riche marchand faisait du commerce avec la ville italienne de Gênes, et sa maison était somptueuse. Mon père le fournissait régulièrement en bougies, pommes d'ambre et eaux de roses, ainsi qu'en épices et citrons confits que son épouse, dame Péronnelle, adorait. Maître Clémentis appréciait mon père et nous avait tous invités. Colin et moi avions dû revêtir des habits de fête, ce que mon frère détestait :

— Je dois vraiment mettre cela ? grimaça-t-il quand Jeanne lui présenta une longue tunique de drap de laine.

La servante répliqua :

— Oui, c'est le souhait de votre mère.

Colin soupira, et enfila sa tenue de mauvaise grâce. Quant à moi, j'étais plutôt contente de porter pour la première fois une cotte de velours bleu que ma mère avait fait ajuster à ma taille. Je me regardais dans le miroir en étain que me tendit Jeanne : ma silhouette mince était mise en valeur, j'avais l'air plus âgée que je n'étais en vérité, ce qui me ravissait. Mais mon visage rond révélait ma jeunesse, ainsi que mes tresses d'enfant. Je fronçai les sourcils :

— Jeanne, pourrais-tu me coiffer différemment ?

— Comment cela, demoiselle ? fit Jeanne, étonnée.

— Je ne sais pas… nous pourrions relever mes nattes comme ma mère ?

J'essayais de les enrouler autour de mon front pour en faire une couronne, mais Colin ricana :

— Tu ressembles à une brioche !

— Méchant !

— Allons, allons… que se passe-t-il ?

Maman venait d'entrer, magnifique dans sa robe cramoisie[1]. Colin me montra du doigt :

— Douceline veut se coiffer comme vous !

Je piquai du nez, honteuse. Ma mère me releva le menton en souriant :

— Je ne crois pas que ce soit une bonne idée, ma fille, mais je peux vous faire une nouvelle coiffure…

Elle prit mon peigne de bois et commença à démêler mes cheveux. Colin et Jeanne nous regardaient sans dire un mot ; le peigne passait dans ma chevelure en crépitant, et je sentais l'odeur de rose de maman juste derrière moi. Quand elle eut terminé, j'étais une autre fille : mon front était dégagé, avec deux fines tresses attachées à l'arrière de ma tête, et mes cheveux pendaient librement sur mes épaules. Jeanne s'exclama :

— Douceline est ravissante, Madame, vous avez des mains de fée !

— Ce n'est rien. Colin, Douceline, mettez vos manteaux, il est temps d'y aller.

Je murmurai dans un souffle :

— Merci maman…

1. Rouge.

Honoré Clémentis habitait une magnifique demeure près de l'évêché. Il vint lui-même nous accueillir. C'était un homme grand, corpulent et affable ; il portait un habit de beau drap de Flandre avec une ceinture ornée de plaques d'argent. Son épouse, dame Péronnelle, lui était parfaitement assortie : grasse et sûre d'elle, elle arborait un corsage violet bordé de fourrure, et un fermail[1] d'or et de grenat. Ses cheveux se cachaient sous un voile de soie. Je m'étonnais que des gens si riches fréquentent mes parents : ils ne ressemblaient en rien au père Joseph, ni aux quelques érudits qu'aimait rencontrer mon père. Quant à ma mère, elle appréciait la solitude et détestait l'ostentation.

Dame Péronnelle me fit signe de la main :

— Voici donc votre Douceline. Approchez, demoiselle !

J'avançai d'un pas en baissant les yeux. Dame Péronnelle demanda :

— Elle semble bien timide. Quel âge a-t-elle ?

— Elle a fêté son dixième anniversaire à Pâques, dit ma mère.

Cela sembla contenter dame Péronnelle qui hocha la tête, satisfaite, et ajouta :

— Je crois que vous n'avez jamais rencontré notre fils, Béranger. Venez, Béranger !

J'étais curieuse de voir ce Béranger qui devait avoir l'âge de mon frère. Je découvris un jeune homme assez beau, les joues rouges et les cheveux très noirs, qui me souriait d'un air digne. Il me sembla hélas aussi imposant que ses redoutables parents. Je piquai aussitôt du nez…

1. Broche utilisée pour fermer un vêtement.

Dire que j'avais imaginé, quand j'avais appris que les Clémentis avaient un fils, que nous pourrions jouer aux échecs ensemble !

Dans la salle d'apparat, la maîtresse de maison avait fait dresser une table chargée de victuailles pour une douzaine de personnes. Comme toujours, c'est l'odeur que je remarquai en entrant. Une jonchée[1] d'herbes et de plantes aromatiques recouvrait le sol ; je reconnus l'arôme de la menthe séchée, mais il y avait autre chose. Je reniflai. De la verveine et de la sauge, sans doute. Quel luxe ! Dame Péronnelle m'observait :

— Qu'avez-vous, demoiselle ?

Je murmurai, embarrassée :

— Je sentais le parfum des herbes répandues sur le sol, Madame…

Le repas fut magnifique, bien que trop chargé d'épices à mon goût. Les tourtes et les pâtés regorgeaient d'amande pilée, de cannelle, de poivre, de sucre, de gingembre et de safran. C'était grand dommage de mélanger ainsi trop de saveurs ; elles perdaient leur caractère et leur subtilité. Tandis que je buvais pour me calmer la bouche échauffée par les épices, mon père, maître Clémentis et ses invités parlaient affaires. Sans tout comprendre, j'appris que mes parents avaient investi dans le commerce que maître Clémentis menait en Italie. Cela me déçut un peu : pourquoi mon père ne se contentait-il pas de son noble métier d'apothicaire ? Au lieu de cela, il parlait de vente de draps, de peaux… Je m'ennuyai ferme durant le repas, et Colin aussi. De temps en temps, il me regardait en étouf-

1. Tapis de plantes et d'herbes séchées que l'on mettait sur le sol pour le protéger et le parfumer.

fant une grimace, et je luttais pour ne pas rire. Béranger, lui, semblait très à l'aise et écoutait les conversations des adultes. Quand le dernier plat de beignets à l'eau de rose fut passé, dame Péronnelle nous invita à nous lever, et nous fit découvrir ses talents de musicienne en jouant quelques mélodies à la viole. Je regardai Colin du coin de l'œil : s'il y avait une chose que mon frère détestait plus que l'étude, c'était la viole. Il fut parfait, il ne bougea pas un cil. Sur le chemin du retour, j'osai demander à ma mère :

— Maman, ne trouvez-vous pas étrange que maître Clémentis et dame Péronnelle aient invité des enfants comme nous ?

Ma mère répondit simplement :

— Vous devez en être d'autant plus honorés, mes enfants.

Le calme de ma mère était parfois décourageant.

La santé du père Joseph commença à montrer des signes de faiblesse. Il toussait, ses yeux larmoyaient, et mon père se faisait du souci pour lui. Il préparait des emplâtres et des potions qu'il me confiait pour que je les donne au vieil homme quand j'allais au couvent. Mais ces remèdes semblaient avoir peu d'effet sur mon maître… Peu à peu, quand il fut devenu évident que le bon père avait besoin de repos, nous avons espacé nos leçons. Je passais donc plus de temps qu'avant à la maison.

Ce fut l'occasion pour moi d'apprendre à fabriquer des eaux de fleurs. Je ne me contentais plus d'ôter les pétales, j'assistais à la totalité de la préparation. Mon père m'expliqua que l'alambic était une invention des Sarrasins[1], et que des alchimistes espagnols l'avaient perfectionné.

Cet appareil se composait de plusieurs parties. La principale était une sorte de bonbonne de cuivre appelée « cucurbite » dans laquelle on plaçait les plantes avec de l'eau. On la couvrait d'un chapeau, le « chapiteau », puis on faisait chauffer le tout, lentement et longtemps. L'eau de fleurs sortait par un bec du chapiteau, bec qu'il fallait refroidir pour que la vapeur parfumée se transforme en liquide et coule dans une fiole qui permettait de le récupérer. Cette opération était très difficile, tout y était important : la quantité et la qualité des fleurs, le choix de l'eau, la plus pure possible, la façon de chauffer l'appareil, et celle de le refroidir. Ma mère et moi devions envelopper le bec de l'alambic de linges mouillés pour en baisser la température. Cette tâche me passionnait, je lui trouvais un côté un peu magique. J'étais toujours impatiente de découvrir l'eau de fleurs, une fois refroidie, et d'en apprécier la qualité.

J'appris à choisir les plantes. Je remarquais que la rose sauvage qui pousse sur les collines donnait de l'eau plus parfumée que les roses odorantes des jardins. Je découvris qu'il fallait la cueillir le matin, à peine ouverte, si l'on voulait profiter au mieux de sa fragrance. Ainsi, je perfectionnai mon art, et j'en étais heureuse.

Contrairement à moi, Colin n'aimait pas travailler à l'apothicairerie et se montrait de plus en plus rebelle. Il avait douze ans maintenant, et aurait dû commencer son apprentissage. Mais il montrait si peu de dispositions

1. Musulmans.

pour l'étude, si peu de constance dans le travail que mes parents désespéraient de le voir reprendre un jour l'échoppe familiale. Un jour que mon frère tentait, sans grand succès, de piler des grains de poivre, mon père lança, exaspéré :

— Colin, vous n'êtes vraiment pas doué de vos mains. Laissez ce travail à votre sœur, elle le fera bien mieux que vous !

J'étais très gênée par ce compliment qui avait goût de vinaigre, et mon frère s'empourpra. Il tendit la fiole et répondit :

— Je suis désolé de n'être pas plus utile dans votre… boutique, mon père.

La façon dont il prononça ce mot me fit frémir. On y sentait du mépris, ce qui était insultant pour mon père, mais quand celui-ci leva les yeux sur son fils, toute trace de colère en avait disparu :

— Vous n'aimez pas ce métier, je le vois bien et j'en suis désolé pour vous. Oui, pour vous, car je ne m'inquiète guère pour l'avenir de mon apothicairerie, je suis persuadé que Douceline saura la reprendre. Mais vous, Colin, qu'allez-vous faire ? Je pense demander à maître Clémentis de vous initier aux affaires du commerce…

Colin s'écria :

— Du commerce ?! Mais je ne serai pas plus habile en marchand qu'en apothicaire ! Je sais ce que je veux faire : je veux être soldat, je connaîtrai la gloire, je serai un grand capitaine, et…

Mon père Guillaume se leva d'un bond, toute couleur avait disparu de ses joues :

— Encore ces enfantillages ? Devenir un soldat, est-ce là ce qui vous fait rêver ? Tuer, voler, piller, faire le malheur de son prochain, tel est votre choix ? Non, jamais je ne m'y résoudrai, Colin. J'en ai décidé. Dès demain, je vous accompagnerai chez maître Clémentis et nous verrons ce qu'il saura faire de vous.

Il n'y avait rien à ajouter à cela. Mon frère salua mon père avec mauvaise grâce, et sortit. Moi, j'étais bouleversée…

4

Colin obéit à mon père et commença son apprentissage chez maître Clémentis. Il partait le matin, sans saluer personne, et rentrait en fin d'après-midi. Je l'attendais et, quand il n'était pas de trop mauvaise humeur, il acceptait de me raconter sa journée :

— Ce gros Clémentis n'est heureux que dans les colonnes de chiffres, Douceline. Ma parole, il est né un boulier à la main ! Il m'assomme avec ses traites, ses commandes, ses calculs…

Je riais :

— Et que calcule-t-il ? Que comptes-tu, Colin ?

Mon frère haussait les épaules, qu'il avait de plus en plus larges :

— Des peaux d'agneaux, des pots de miel, des barillets d'épices… Comme c'est passionnant, vraiment ! Il importe des peaux d'Italie pour qu'elles soient traitées ici, à Grasse.

Je grimaçai :

— Dans nos tanneries qui sentent si mauvais.

— Elles sentent mauvais mais elles sont célèbres, apparemment. Donc les peaux viennent d'Italie, sont traitées ici, teintées en vert, assouplies à l'huile d'olive et renvoyées en Italie. Je ne sais pourquoi les riches font toutes ces simagrées avec le cuir, les eaux de senteur, les étoffes… Si tu voyais les rouleaux de drap qui passent chez les Clémentis, on pourrait en habiller le pape, ou notre reine Jeanne[1], qui d'ailleurs vit en Italie…

J'éclatai de rire, mais mon frère était visiblement dégoûté par tout cet étalage de luxe. Je rusai pour le dérider :

— Si tu deviens marchand, comme maître Clémentis, tu pourras voyager, Colin. Tu iras en Italie, à Gênes…

— C'est vrai, sœurette, c'est le bon côté de ce sot métier. Les voyages… J'avoue que j'aimerais bien m'embarquer sur un vaisseau génois. Je n'ai jamais eu l'occasion de quitter Grasse. J'étouffe ici !

Il me regarda, les yeux brillants :

— Et toi, ma sœur ?

— Moi ? Tu sais que j'aime le travail d'apothicaire.

— Oui, je sais, s'impatienta Colin, mais est-ce que tu n'as pas envie, de temps à autre, de partir d'ici ?

Je le regardai, bouche bée. Partir d'ici ? Non, je n'en avais pas envie, pas envie de découvrir un monde où des troupes de routiers attaquaient paysans et voyageurs, où le gel tuait les pèlerins égarés en hiver, où les loups rôdaient parfois dans la campagne. J'essayai tant bien que mal d'expliquer cela à Colin, et il soupira :

— Là-dessus non plus nous ne nous ressemblons pas, Douceline. Je te laisse à ta maison et à tes potions, je vais me dégourdir les jambes dans la rue, avec des amis !

Ainsi était mon frère : impulsif, bougon, franc comme écu non rogné, et totalement inapte au patient travail d'apothicaire. Je l'adorais.

---

1. La comtesse de Provence, Jeanne, était aussi reine de Naples et vivait donc en Italie. De toute sa vie, elle ne passa que quelques mois en Provence.

Un jour, Colin revint de chez les Clémentis avec un paquet dans sa sacoche ; il le tendit à ma mère :

— Maman, maître Clémentis m'a prié de vous remettre ceci. Il souhaiterait que vous fassiez pour lui une pomme… une pomme de senteur, je crois.

— Un pomander ? Montrez-moi, Colin…

Les doigts fins de ma mère défirent le paquet que mon frère avait posé sur le comptoir :

— C'est bien un pomander, une pomme d'ambre.

Je poussai un cri d'admiration. Sur le comptoir de bois reposait l'objet le plus ravissant que j'aie jamais vu : une sphère délicate en argent ciselé, piquée de petites marguerites d'or, de la taille d'une pomme. Ma mère l'ouvrit doucement :

— Quelle merveille… Je suis honorée que maître Clémentis me confie ce travail. Colin, tu l'en remercieras demain.

Elle me regarda, sous le coup d'une inspiration :

— Douceline, voudrais-tu m'aider à préparer le parfum pour en garnir ce pomander ?

Je battis des mains :

— Oh, oui, maman ! Merci !

Ma mère plaça devant moi les pots de fleurs séchées et de résine parfumée, l'ambre, l'encens, le santal, la cire d'abeille, le précieux musc, que je détestais. On le prenait, paraît-il, dans le ventre d'un chevreuil, et son odeur, à forte dose, était écœurante.

Je sélectionnai une dizaine d'ingrédients, comme le romarin, la marjolaine, la poudre de rose rouge, et une pointe de santal, dont je raffolais. Je pilai le tout, très finement, je tamisai la poudre ainsi obtenue et la mélangeai à de la cire blanche. Ma mère me regardait, me conseillait et ajoutait de temps à autre un peu de camphre ou d'aloès. Après plusieurs essais, nous sommes arrivées à réaliser une pâte parfumée que j'aimais beaucoup, qui évoquait pour moi à la fois le jardin des dominicains et l'odeur des collines après la pluie. Cependant, maman me dit qu'elle ne plairait pas à dame Péronnelle…

— La pâte que tu as fabriquée a une senteur subtile, mais nous n'avons pas tous les mêmes goûts. Tu n'aimes pas les odeurs trop fortes, mais ceux qui ont l'odorat moins sensible préfèrent en général des parfums plus capiteux. Pour dame Péronnelle, nous allons donc mettre un peu de cannelle, et du musc.

Je soupirai. Ma mère incorpora des poudres brunes, pétrit à nouveau la pâte et en fit une boule de la taille d'une petite pomme.

— Et voilà ! Nous n'avons plus qu'à la placer dans sa cage…

— Un instant, maman, s'il vous plaît.

Je pris la boule parfumée et la humai. Le musc sentait vraiment très fort. Non, ça n'allait pas…

— Qu'y a-t-il, Douceline ?

— Je trouve l'odeur de musc trop puissante. Puis-je faire un autre essai ?

— Si tu veux, ma chérie. Prends garde à ne pas gâcher trop de produits.

Je travaillai jusqu'au soir, désespérant de trouver une odeur qui soit à la fois assez entêtante pour plaire à dame Péronnelle, et assez subtile pour me satisfaire. Au coucher du soleil, j'avais réussi un mélange intéressant.

Quand ma mère vint me trouver dans l'atelier, je le lui présentai :

— C'est très bien, Douceline.

— J'y ai ajouté de la cire, de l'huile d'amande, et de la gomme arabique.

Maman prit le précieux pomander et y plaça la boule de parfum :

— Dame Péronnelle sera contente. Maintenant, va vite manger, tu dois être épuisée.

Le lendemain, j'allai moi-même porter la pomme d'ambre à dame Péronnelle qui me reçut en robe d'intérieur, un petit chien à ses côtés. Elle s'extasia :

— Vous direz à dame Cécile combien j'apprécie son travail. Je me demande avec quoi elle a réalisé ce parfum…

J'hésitai :

— Je peux vous le dire si vous le souhaitez, madame.

J'expliquai à dame Péronnelle quels étaient les ingrédients qui composaient la pomme d'ambre. Elle me dévisagea, étonnée :

— C'est donc vous qui avez confectionné cette pâte ? C'est remarquable, à votre âge. C'est bien, très bien…

Si j'avais su à cet instant quelles idées allaient germer dans sa tête, j'aurais menti, mais je fus flattée et la remerciai, avant de quitter la superbe maison des Clémentis.

L'hiver de l'an 1365 fut exceptionnellement froid. Les oliviers et les amandiers gelèrent, ainsi que les pieds de vigne. Le ruisseau qui traversait la ville était couvert d'une couche de glace. Mon père gardait fermé par des panneaux de bois le comptoir de l'apothicairerie. Fanette ne quittait guère le foyer, où elle cuisait des soupes et des bouillons pour réchauffer la maisonnée. On vit croître le nombre des clients qui venaient chercher des pastilles contre la toux ou la fièvre.

Ma mère, ayant appris qu'une veuve du voisinage était tombée malade, voulut aller la voir et lui porter un peu de soupe aux fèves. Elle en revint transie et secouée de frissons. Le lendemain, la fièvre s'installa. On fit venir un médecin, qui lui prescrivit des pilules et des cataplasmes, et recommanda le repos. Maman passait ses journées couchée dans sa chambre ; je restais avec elle, j'entretenais le feu, je lui parlais quand sa fièvre n'était pas trop forte. Quand elle dormait, je prenais un ouvrage pour m'occuper les mains, et je cousais à la lueur de la chandelle. Je n'étais pas aussi patiente qu'elle et mes points étaient irréguliers, mais au moins cela me distrayait.

Malgré les soins, son état ne s'améliora pas. Elle passait de plus en plus de temps à dormir, d'un mauvais sommeil gâché par une toux tenace, et la fièvre ne la quittait pas. Le médecin passait la voir souvent, et j'essayais d'entendre ce qu'il disait à mon père, à voix basse, avant de partir. L'inquiétude grandissait dans la maison ; Fanette était maussade et ne parlait plus. Colin rentrait de plus en plus tôt de chez maître Clémentis, et venait me retrouver chaque soir avec ces mots :

— Alors, comment va-t-elle ?

Je ne savais que répondre. Elle n'allait ni mieux ni plus mal.

La chambre de maman était saturée d'odeurs de plantes et de médicaments. Mon père préparait des vinaigres purifiants et des herbes à brûler, et le froid de la rue nous empêchait d'ouvrir très longtemps la fenêtre. On y étouffait… Ma mère, insensible à tout cela, divaguait à cause de la fièvre. Quand elle allait mieux, je lui brossais les cheveux, que la sueur collait en longues mèches sombres, et lui bassinais le visage avec l'eau de rose qu'elle aimait tant. Elle me parlait parfois :

— Douceline, quel temps fait-il dehors ?

— Le vent souffle, maman, vous devez rester au chaud.

— Quand il fera beau, nous irons dans les collines cueillir des herbes, toutes les deux. Colin nous accompagnera. J'aimerais tant revoir le soleil…

Je tournai la tête, trop émue pour répondre.

Un jour où je n'en pouvais plus de rester confinée dans la chambre, j'appelai Jeanne pour me remplacer, et j'allai voir mon père dans l'arrière-boutique. Il était occupé à préparer une pommade, mais je vis bien que son esprit était ailleurs : ses gestes étaient lents, et son regard se perdait dans le vide.

— J'ai entendu le médecin, mon père. Il a vu ma mère, il semble inquiet. Il parle d'équilibrer les humeurs, qu'est-ce que cela veut dire ?

— Votre mère a beaucoup de fièvre. Elle souffre d'un excès d'humeur chaude dans le corps. Le médecin pense que des aliments froids pourraient aider à évacuer cette humeur.

— Mais quels sont les aliments froids, mon père ?

— Les courges, la salade… Mais Cécile est si mal qu'elle ne peut plus absorber que du bouillon. Je lui ai préparé des décoctions d'écorce de saule pour abaisser sa fièvre, cela suffira-t-il ? Dieu seul le sait. Nous devons prier, Douceline, prier de toute notre âme pour la guérison de votre mère !

Je fus terrifiée par cet aveu d'impuissance de mon père. Je remontai en courant dans la chambre de ma mère. Pour une fois, elle était éveillée et sourit :

— Qu'y a-t-il, ma douce ? Tu as couru ?

Je me mis à genoux devant son lit, j'enfouis ma tête dans ses mains, et j'éclatai en sanglots :

— Maman, vous allez guérir, n'est-ce pas ?

Elle me caressa les cheveux :

— Mais oui, ma chérie, bien sûr. Je vais guérir, bientôt. Si Dieu le veut.

Je me dressai :

— Nous allons vous guérir, maman. Mon père connaît toutes les potions, et le père Joseph priera pour vous. Et moi, je vais… je vais vous faire une tisane, vous voulez bien ? Avec du miel, du bon miel de thym.

Ma mère sourit :

— Quelle bonne idée ! Va me faire une tisane, ma douce.

Je descendis, toute heureuse de pouvoir m'affairer et me sentir utile. Mais quand je remontai quelques instants plus tard, un bol brûlant dans les mains, ma mère avait les yeux fermés, et la tête bizarrement inclinée sur le côté. Je hurlai et laissai choir le bol qui se brisa sur les carreaux.

5

Grasse, hiver 1365, printemps 1366

Je garde un souvenir confus de ces jours de malheur. Je sais que le père Joseph est venu réconforter mon père, et préparer les funérailles. Je ne me souviens pas de la messe d'enterrement, je me rappelle à peine du cimetière. J'étais hébétée, ma main agrippée à celle de Colin, qui tremblait.

La fin de cet hiver fut une période froide, noire, sans vie. Le jour, je me tuais à la tâche pour ne pas penser à ma mère, et le soir je m'endormais comme une bûche. Mais chaque matin, quand je m'éveillais, je me souvenais de mon chagrin. Le désespoir me prenait à la gorge et je pleurais toutes les larmes de mon corps. Maman est morte, plus jamais… Je me répétais ces mots inlassablement au milieu de mes larmes, comme pour m'aider à apprivoiser l'insupportable. Puis je me levais, me passais le visage à l'eau froide et je descendais commencer ma journée.

Le travail me soutenait, il devenait jour après jour ma raison de vivre. Je passais le plus de temps possible à l'apothicairerie, je pilais des herbes et j'aidais mon père à préparer des onguents. Mais les premiers mois, je fus incapable de préparer ou de sentir de l'eau de rose : cela me rappelait trop ma mère. Quant à mon père, il avait vieilli de dix ans. Ses épaules s'étaient voûtées, et ses yeux avaient un regard vide que je ne supportais plus.

Le matin du 30 avril, je me suis levée, encore plus triste que d'habitude. C'était mon anniversaire, j'avais juste treize ans. D'habitude, ce jour-là, ma mère faisait dresser une table de fête, et demandait à Fanette de cuire une fouace ou une galette. L'an passé, pour mes douze ans, elle m'avait brodé un mouchoir ; je le glissai dans ma ceinture. Ma jupe était bien courte, j'avais encore grandi, mais je ne m'en souciais guère.

Je descendis l'escalier et trouvai le père Joseph en train de se chauffer les mains devant le feu, avec mon père. Que pouvait-il faire à l'apothicairerie de si bon matin ? Je fus frappée par sa maigreur, mais il arborait un beau sourire et enleva sa houppelande avec une vigueur qui m'étonna. Il me plaqua un baiser sur la joue :

— Bonjour, Douceline, et bon anniversaire !

— Vous y avez pensé, et vous êtes venu ! Que c'est aimable à vous…

J'étais très émue. Le vieil homme me traça une croix sur le front en murmurant :

— Que Dieu t'aide, ma fille, qu'Il te bénisse et te protège.

Mon père ne dit rien, il regardait le feu, perdu dans ses pensées. Fanette sortit de la cuisine, un peu gênée :

— J'ai préparé une belle fouace pour l'occasion. Je peux l'amener avec un peu de lait chaud, si maître Guillaume est d'accord.

Ce matin-là, je commençai à reprendre goût à la vie, à cause de la bénédiction du père Joseph, de la fouace de notre bonne Fanette et du présent que me fit mon père. Après avoir bu un gobelet de vin, il me tendit un petit coffret de bois.

— C'est pour toi, Douceline, je crois que tu n'en as jamais vu.

Je soulevai doucement le couvercle, et découvris une petite cage contenant un oiseau sculpté couleur de miel.

— Que c'est joli !

— C'est un oiselet de Chypre, expliqua mon père. Il est fait de pâte parfumée, il sent aussi bon qu'il est beau !

— C'est ingénieux, murmura le père Joseph.

Je regardais l'oiseau : il était adorable. On avait façonné sa tête avec beaucoup de soin. Je distinguais son petit bec, ses yeux, et même les plumes de ses ailes. Il sentait le miel de lavande et la cannelle.

— C'est un présent merveilleux, mon père. Je le trouve encore plus beau que le pomander de dame Péronnelle. Et le nom est ravissant : oiselet de Chypre… Cela fait rêver !

Chypre… c'était le royaume des croisés, l'île aux jardins plantés d'arbres exotiques, la patrie des derniers rois de Jérusalem. Avec ce petit oiseau parfumé, tout l'Orient s'offrait à moi, plein de soleil et de liberté, si différent de ma ville aux murs clos. Mon père me tira de ma rêverie :

— Je crois que tu es assez habile maintenant pour fabriquer des oiselets de Chypre, qu'en penses-tu ?

Je pris la main de mon père et l'embrassai :

— Je l'espère.

Je me mis tout de suite à la tâche. Je préparai des pâtes parfumées selon la recette que ma mère m'avait apprise pour les pomanders, et j'appris à modeler des oiseaux. Je les décorais même avec de vraies plumes dès que le temps s'améliora, et que je pus sortir dans les collines. Mes premiers oiseaux étaient assez laids, ronds et gras avec un cou trop court, mais je réussis bientôt à en façonner de plus gracieux. Enfin, un jour où j'étais plutôt contente de mon travail, j'allais le présenter à mon père qui m'en fit compliment. Cependant, je n'étais pas totalement satisfaite, la pâte parfumée n'était pas assez délicate à mon goût. Je changeais, sans doute, et mon odorat s'affinait. Je supportais encore plus mal qu'avant les parfums capiteux du musc et de la cannelle, je n'aimais que les odeurs de fleurs. Aller dans le quartier des tanneurs était pour moi une terrible corvée, j'en avais la nausée ! Pour lutter contre ces senteurs détestées, je parfumais mon linge avec des sachets remplis de fleurs de lavande.

J'avais grandi. Je passais plus de temps devant mon miroir, et ce que j'y voyais ne me séduisait guère. Mes taches de rousseur surtout me désespéraient. Mon père avait dans son arrière-boutique deux livres fort précieux : *L'Antidotaire de Nicolas*, dont il se servait pour composer la plupart de ses remèdes, et un autre qu'il ouvrait plus rarement, intitulé *L'Ornement des dames*. Il regroupait des formules pour fabriquer des produits de beauté. J'y trouvai une recette pour faire disparaître les taches de rousseur, et je la réalisai en secret : il fallait faire bouillir de la racine de livèche dans de l'eau additionnée de blanc d'œuf. Le mélange était peu appétissant mais je l'appliquais consciencieusement tous les jours et, peu à peu, mes taches commencèrent à s'éclaircir. Hélas, les premiers rayons du soleil les firent revenir de plus belle.

Je m'intéressais de plus en plus aux soins de beauté. Je confectionnais pour la boutique des pommades pour les mains au lait d'amande ou à l'eau de rose, et les belles dames de Grasse en furent enchantées. Dame Péronnelle surtout : elle se montrait très aimable avec moi et me demandait souvent de lui porter des eaux de senteur, des sirops, des fruits confits. Cela me donnait l'occasion de croiser son fils Béranger, toujours plus grand et gras, qui semblait se soucier aussi peu de moi que moi de lui.

Dès que je le pouvais, je m'échappais dans les collines pour y cueillir des plantes aux parfums légers que j'aimais, et voir comment je pouvais en tirer profit pour mes oiselets, mes pomanders, et mes eaux de fleurs. Je rêvais de capturer le parfum des fleurs, mais comment faire ? Les eaux parfumées que je savais confectionner perdaient très vite leur arôme. Je maîtrisais les techniques enseignées par mon père : je savais quelles plantes on peut préparer en infusion, en macération, en décoction, lesquelles on peut distiller dans un alambic, je ne pouvais espérer mieux. Quant aux pâtes placées dans les pomanders ou les oiselets de Chypre, elles sentaient surtout l'encens, le benjoin, la cannelle et le musc.

Un jour pourtant, j'entendis parler d'une découverte qui allait changer ma façon de travailler.

C'était un soir de novembre, il faisait très froid. Quelqu'un a tambouriné à la porte, et Jeanne s'est précipitée pour ouvrir. Je pensais qu'il s'agissait d'une urgence, une potion ou un cataplasme à préparer dans l'heure, à la demande d'un médecin, mais le père Joseph apparut, accompagné d'un étranger vêtu d'un grand manteau ; ils voulaient voir mon père. Ils sont entrés dans la boutique, et n'en sont pas sortis pendant plus d'une heure – jusqu'à ce que Fanette annonce que le souper était prêt. C'est ainsi que nous avons pu faire la connaissance de l'inconnu.

Il s'appelait Guilhem, et venait de Montpellier, en Languedoc, où il était maître apothicaire dans cette ville. Il avait étudié, nous dit le père Joseph, les écrits d'Arnaud de Villeneuve et connaissait la manière de réaliser de l'eau ardente… Je lançai :

— Auriez-vous la bonté de me dire ce qu'est l'eau ardente, maître Guilhem ?

Maître Guilhem s'adossa à sa chaise d'un air important, ce qui m'agaça fort : je le soupçonnais de faire durer le plaisir. Il répondit :

— C'est un élixir qui possède des propriétés extraordinaires. J'ai eu le privilège d'avoir entre les mains le traité qu'Arnaud de Villeneuve écrivit sur ces eaux, le *Liber de vinis*…

— Il paraît qu'elle réjouit l'esprit, si on l'utilise avec modération, affirma le père Joseph.

— Il s'agit d'une technique inventée par les savants arabes, m'expliqua mon père, et perfectionnée par des alchimistes espagnols. À partir de vin ou d'un autre liquide fermenté, on obtient une eau très puissante, qu'Arnaud de Villeneuve appelle « eau de vie ». Il faut pour cela distiller le vin dans un alambic…

Je m'écriai :

— Comme celui avec lequel nous faisons de l'eau de rose ?

— Oui, ma fille, répondit mon père. Maître Guilhem, que voici, veut bien m'enseigner cette technique. Dès demain il nous rejoindra avec son alambic, et il aura la bonté de m'en faire démonstration.

— Pourrai-je y assister ?

Maître Guilhem fronça les sourcils, mais mon père n'hésita pas :

— Bien sûr, Douceline !

6

Maître Guilhem et le père Joseph arrivèrent chez nous de bon matin, et installèrent le précieux alambic du Montpelliérain dans notre arrière-boutique. Il était énorme, en cuivre, avec un bec très étrange en forme de spirale. Maître Guilhem le manipulait avec d'infinies précautions. Il le remplit de vin et le fit chauffer très lentement au bain-marie ; une chaleur bienfaisante envahit la pièce, tandis que l'appareil glougloutait doucement. Pendant tout le temps que dura l'opération, qui fut fort longue, maître Guilhem, mon père et le père Joseph discutèrent des vertus de l'eau ardente et des différentes façons de l'obtenir. Moi, je m'impatientais… La chaleur devenait étouffante dans la petite pièce, malgré la fenêtre ouverte, cela sentait le vin chaud et le feu de bois. Enfin, quelques gouttes de liqueur commencèrent à perler du bec de l'alambic. En fin de journée, nous avions obtenu un demi-flacon d'un liquide clair, à l'odeur puissante. Maître Guilhem nous le fit goûter à l'aide d'une cuillère : c'était si fort que je manquai m'étouffer. Je me mis à tousser et dans mon trouble, je renversai le reste du produit sur ma main : l'eau ardente s'évapora en quelques secondes, laissant ma peau sèche et douce. C'était étonnant…

Mon père, qui venait d'essayer l'élixir à son tour, s'écria :

— Cette liqueur est extraordinaire. Qu'en pensez-vous, mon père ?

Le père Joseph grimaça :

— Je n'ai jamais bu quelque chose d'aussi fort. Elle réchauffe le corps, c'est certain !

Je venais de découvrir l'eau-de-vie, et ses merveilleuses possibilités. Elle possédait sans doute des vertus médicales qui intéresseraient mon père, mais ce n'était pas cela qui m'intriguait. Cette eau n'était pas grasse au toucher, et une fois sur la peau, elle s'évaporait, laissant juste un léger parfum. Léger, mais incomparablement plus tenace que celui de l'eau de rose ou de lavande ! Maître Guilhem nous expliqua que le savant Arnaud de Villeneuve avait réalisé quelques expériences, mêlant des plantes aromatiques à l'eau ardente. Il avait ainsi obtenu des eaux parfumées d'une qualité surprenante. Quand il parlait de cela, l'apothicaire devenait un autre homme, oubliait son ton pédant et se laissait emporter par sa passion. Je buvais ses paroles et quand le Montpelliérain partit, après deux jours passés à travailler chez nous, je m'empressai de noter tout ce que je venais d'apprendre.

Mon père était, hélas, moins enthousiaste que moi. La visite de maître Guilhem et ses expériences l'avaient distrait de son chagrin, mais il retomba très vite dans sa mélancolie :

— Mon père, quand allons-nous essayer de fabriquer de l'eau ardente avec notre alambic ?

Il soupira :

— Douceline, l'alambic de maître Guilhem était plus perfectionné que le nôtre. Nous n'avons guère de chance d'y arriver…

— Laissez-moi pourtant essayer, je vous en prie !

— Nous en reparlerons plus tard.

À force d'insister, je finis par obtenir son accord. Pendant une semaine, je fis des essais. Je m'appliquai à reproduire le plus fidèlement possible les opérations que maître Guilhem nous avait montrées, sans plus de résultat qu'un liquide trouble, à peine plus fort que le vin. Je tentai de refroidir le bec d'écoulement de différentes manières, me brûlant les doigts à travers des chiffons mouillés. Un jour, enfin, j'arrivai à obtenir une liqueur pure, aussi claire que celle du Montpelliérain : j'avais fait de l'eau ardente ! Il ne me restait plus qu'à apprendre à m'en servir pour confectionner des eaux aromatiques… Peu à peu, j'incorporai au vin à distiller des fleurs de lavande, j'y fis macérer des pétales de roses, du romarin. Toutes mes tentatives n'étaient pas couronnées de succès, mais j'étais heureuse, j'adorais ce travail. Chaque matin, je me levais joyeuse, en pensant aux nouvelles expériences que j'allais tenter. Ainsi se passa l'hiver, dans l'excitation de cette découverte. Il me tardait d'être au printemps et de pouvoir cueillir des plantes fraîches pour varier mes essais.

C'est dans cet état d'esprit que je me rendis un jour au domicile de maître Clémentis et de dame Péronnelle, pour y porter des sachets remplis de lavande. La maîtresse de maison était absente, et j'allais repartir après avoir confié mon paquet à une servante, quand je m'entendis appeler :

— Demoiselle Douceline !

Je me retournai. C'était Béranger, accompagné de mon frère Colin, et d'un jeune homme… Du plus beau, du plus séduisant jeune homme que j'avais jamais vu ! Il était grand, avec des cheveux noirs bouclés, et le sourire qu'il m'adressa eut pour effet de me figer comme une chandelle. Béranger me dit :

— Je vous présente Angelo, le fils de notre ami, le *signor* Tombarelli, de Gênes. Angelo, voici la demoiselle Douceline Augier, la fille de maître Augier, l'apothicaire, qui fournit à la maisonnée bougies, onguents et eaux de fleurs…

Je saluai, je bredouillai, je rougis, et je sortis sans même adresser la parole à mon frère. Dans la rue, je trébuchai sur un pavé et je manquai tomber. Mais peu m'importait : il s'appelait Angelo, Angelo Tombarelli. Le nom le plus admirable du monde.

Ma vie avait changé. Tout à coup, l'air était devenu plus vif, les journées plus longues et passionnantes, comme si je m'éveillais d'un long sommeil. Je pensais toute la journée à Angelo, en me coiffant, en travaillant, en mangeant, en marchant et sans doute en dormant. Je murmurais son nom dès que j'étais seule, je revoyais son sourire, j'imaginais sa voix… Je débordais d'énergie et d'activité, je travaillais avec enthousiasme. Quand j'y pense, je m'étonne de ne m'être pas brûlée en coulant de la cire, ou blessée en coupant des herbes, tant je pensais à lui, à tout moment.

Désormais, je ne rechignais plus quand dame Péronnelle désirait de toute urgence du lait d'amande ou de la poudre à la violette. J'allais même très souvent chez elle, pour lui proposer des onguents, des confitures, ou pour chercher mon frère Colin. J'y voyais rarement Angelo, mais cela m'était égal, il me suffisait de m'approcher de la maison où il vivait, de respirer l'air qu'il respirait, et ma journée en était embellie. Je n'osais parler de lui à mon frère, de peur qu'il s'aperçoive des tendres sentiments que je nourrissais pour le beau Génois, mais j'avais bien tort :

Colin ne voyait rien, ne remarquait rien. Et en fin de compte, c'est lui qui me demanda un jour :

— As-tu remarqué que les Clémentis logent en ce moment un jeune Génois ?

Je tournai la tête pour cacher le rouge qui me montait aux joues :

— Oui, Béranger me l'a présenté. Tu étais là, je crois…

— Je l'avais oublié, fit mon frère, distrait. Ce garçon est diablement doué pour les chiffres, ma parole ! Il calcule à une vitesse…

— Que fait-il chez les Clémentis, Colin ?

— Si j'ai bien compris, son père est un marchand, comme maître Clémentis. Ils font affaire ensemble. Ils se vendent des peaux, des épices, des draps et beaucoup d'autres marchandises. Le père d'Angelo possède plusieurs bateaux. Il veut l'initier aux affaires et lui faire connaître la Provence, voilà pourquoi il est là pour six mois.

Pour six mois ! Ces mots éveillèrent dans mon cœur deux sensations totalement opposées : j'allais voir Angelo pendant six mois… Mais il repartirait à Gênes dans six mois ! Tiraillée entre ces émotions, j'étais bouleversée. Colin poursuivit :

— Il paraît que sa famille est riche, encore plus riche que les Clémentis ! Ah, Douceline, si notre père était aussi riche qu'eux, je pourrais m'armer un jour et avoir l'espoir de devenir chevalier.

— Tu rêves toujours de cela, Colin ? Tu sais bien que notre père l'interdit !

Colin s'approcha de moi, ses yeux brillaient :

— Douceline, j'aime et je respecte notre père, mais il est vieux. Il ne me comprend pas, vois-tu. Les temps sont difficiles, même si notre ville a jusque-là été épargnée par les routiers, il y aura d'autres combats, d'autres occasions de se battre, tu peux en être sûre !

Je m'écriai :

— À t'entendre, on pourrait croire que tu le souhaites !

Colin rougit violemment mais ne baissa pas les yeux :

— Eh bien oui, je le souhaite, puisque c'est à cette condition que je pourrai prendre les armes et prouver ma valeur ! Douceline, je ne suis pas fait pour être marchand, et je ne le serai jamais, tu peux me croire !

Il tourna les talons, et sortit. J'étais bouleversée par cette conversation, et par ce que j'avais appris sur Angelo. J'avais besoin de parler à quelqu'un. J'allais à la cuisine pour y trouver Fanette, qui était en train de peler des légumes, près de la fenêtre. Je me laissai tomber sur un tabouret :

— Fanette, pourquoi les hommes éprouvent-ils le besoin de faire la guerre ? Je ne peux le comprendre…

Fanette posa son couteau et essuya ses mains rouges et ridées sur son tablier :

— L'homme et la femme ne se ressemblent pas, demoiselle, c'est notre sire Dieu qui l'a voulu ainsi !

Je haussai les sourcils, sceptique :

— Tu penses donc que c'est Dieu qui veut que les hommes fassent la guerre ?

Pour le coup, Fanette me regarda, hésitante :

— Sans doute, du moins si c'est une bonne guerre, contre les infidèles, les routiers ou les Anglais.

— Les infidèles… ce sont eux qui ont inventé l'alambic, tu le sais, Fanette ? Cet appareil merveilleux avec lequel nous faisons des eaux de fleurs. Et c'est de leurs pays que viennent beaucoup de ces belles épices que mon père a en sa boutique. Est-ce une bonne chose de leur faire la guerre ?

J'étais déjà consolée et je ne songeais plus qu'à taquiner Fanette. Elle réfléchit :

— Demoiselle, je ne sais pas discuter aussi bien que vous, mais je sais que la guerre est un malheur, comme la maladie, la peste, la famine. Je ne sais pas si Dieu la veut ou non, mais moi je ne l'aime pas, et je crois qu'aucune femme ne l'aime. Quant à savoir si les hommes aiment aller se battre, si vous pensez à votre frère…

Fanette essuya ses mains sur un linge et poursuivit :

— Colin a cela dans le sang, je le vois bien. Je sais qu'il s'entraîne aux armes avec des chenapans, hors les murs, quand il a fini sa journée. Mais j'en ai trop dit, demoiselle, ne m'interrogez plus !

— Comment sais-tu cela, Fanette ?

Elle sourit. Quand elle riait ainsi son visage était aussi plissé qu'une vieille pomme :

— Au marché, Douceline, les femmes parlent ! Beaucoup sont fières que leurs fils apprennent le maniement des armes, mais moi je m'inquiète pour notre Colin ! Si le maître le savait, il en mourrait…

7

Mon amour pour Angelo m'accaparait. Chaque fois que je me rendais à l'hôtel des Clémentis, je soignais ma tenue, ma coiffure, dans l'espoir que le jeune homme serait là. Quand je le croisais, il me saluait toujours aimablement, et je me sentais rougir. Il était évident que son salut était de pure politesse, mais j'étais assez naïve pour m'imaginer qu'il m'aimait bien. Jusqu'à ce jour fatidique…

J'étais allée au marché avec Fanette pour y acheter du porc salé et du fromage. J'avais besoin de sortir un peu, après une matinée passée à préparer des pilules avec mon père et Géraud l'apprenti. Il faisait frais, et nous avions toutes les deux de bonnes pèlerines chaudes qui nous cachaient à demi le visage. Fanette s'intéressait à l'étalage d'un paysan qui vendait des oignons et des raves, quand soudain je vis Angelo. Il était en train d'acheter une oublie[1] à une marchande, dans la rue, et à ses côtés se tenait une ravissante jeune femme. Je me figeai, brûlant d'une curiosité inquiète. L'inconnue était belle, avec tout ce qu'exigeait la mode : un front haut, bombé, de lourdes tresses blondes qui sortaient de sa coiffe, des seins ronds et la taille fine. Elle portait de beaux vêtements coû-

1. Ancêtre de la crêpe.

teux, et son manteau était bordé de fourrure d'écureuil. Quand elle l'entrouvrit, je vis qu'elle portait une ceinture d'argent ciselé qui brillait de mille feux. Visiblement, elle s'amusait à jouer avec son manteau, sans doute pour montrer la finesse de sa taille… Angelo et elle parlaient en riant. J'étais dévorée de jalousie : cette demoiselle avait au moins dix-sept ans, et regardait Angelo avec des mines de chat devant un pot de lait. Derrière elle se tenait un groupe de jeunes gens et jeunes filles, tous superbement habillés. Je me sentais misérable, avec ma maigreur d'enfant, mes treize ans et mon gros manteau : comment pouvais-je rivaliser avec une telle splendeur ? Fanette, qui avait fini ses achats, me vit les observer, et ne se priva pas de commentaires :

— Vous regardez la demoiselle Anieuse ? Elle est belle, n'est-ce pas ?

Je hochai la tête, incapable de dire un mot. Il en fallait plus pour décourager Fanette :

— Oui, elle est belle, et bien hautaine ! C'est la fille de maître Pons, le notaire. On dirait d'ailleurs qu'elle a trouvé un damoiseau à son goût. Je me demande qui est ce jeune homme…

Je répondis dans un souffle :

— Je le connais, il travaille avec mon frère chez maître Clémentis. Il est génois…

— Ils font un beau couple, ma foi.

Je ne pouvais en supporter davantage. Je bredouillai quelques mots à Fanette pour lui expliquer que j'étais fatiguée, que je voulais rentrer, puis je tournai les talons et partis, tête baissée… Mais j'étais si troublée que je trébuchai et me heurtai à la belle Anieuse. La jeune fille poussa un cri de surprise et fit tomber sa galette. Je bafouillai :

— Je suis désolée, demoiselle, je vous demande pardon !

— Vous pouvez l'être, mon enfant ! Où aviez-vous la tête ?

Mon enfant ! Je me sentis encore plus ridicule, et dans le même temps, je me mis à détester cette Anieuse comme je n'avais jamais détesté personne. D'ailleurs, elle sentait mauvais, elle portait un horrible parfum trop épicé, qui empestait le musc et la cannelle. Et son superbe sourire avait disparu quand j'avais fait tomber l'oublie, laissant place à un air buté et furieux. C'est alors qu'Angelo me vit :

— Mais vous êtes la sœur de Colin, n'est-ce pas ? La fille de l'apothicaire…

Je le regardai droit dans les yeux :

— Oui, je suis Douceline Augier.

Mais déjà Angelo regardait ailleurs, entraîné par ses nouveaux amis. Je partis en courant vers la rue Droite, en essayant de refouler mes larmes. Il ne se rappelait même pas mon prénom…

Je rentrai chez moi et je courus me jeter sur mon lit, en sanglotant. J'avais l'impression de me réveiller après un long rêve. Angelo ne m'aimait pas, il me reconnaissait à peine et préférait la compagnie de belles jouvencelles comme cette Anieuse ! Je me dis que de toute façon, il allait repartir pour Gênes, je me répétai que je ne le reverrai jamais, mais tout cela n'apaisa pas ma douleur. Enfin, je réussis à me calmer. Je me levai, et je regardai mon visage dans le miroir : j'avais une mine affreuse, les yeux rouges et bouffis, la peau pâle. Effrayée à l'idée que mon père ou Fanette allaient s'apercevoir de mon état, je pris mon flacon d'eau de rose et je m'en tamponnai le visage. Puis je me peignai longuement les cheveux, je me pinçai les joues pour leur donner un peu de couleur, et je descendis affronter le regard des miens.

Mon père était dans son officine, et Fanette, qui venait de rentrer du marché, s'affairait en cuisine. Colin était chez maître Clémentis, et Jeanne filait la laine près du feu. Personne ne fit attention à moi…

Je travaillais tout l'hiver, pour tromper le mal d'amour qui me rongeait. D'ailleurs, que pouvais-je faire d'autre ? J'allais avoir quatorze ans, il était temps pour moi d'apprendre sérieusement le métier d'apothicaire. Mon père passait toutes ses journées dans sa boutique, et nous parlait de moins en moins, à Colin et moi. Il se négligeait, ses cheveux étaient mal peignés, cela faisait peine à voir. Notre maison devenait bien triste : Colin rentrait tard, fatigué par ce travail qu'il détestait, et se montrait maussade ; mon père se taisait, et moi, je travaillais en pensant à Angelo. Heureusement que Fanette et Jeanne étaient là pour bavarder, sinon ma vie aurait été insupportable.

Notre servante Jeanne avait alors vingt-six ans, et c'était une femme étrange. Elle n'était pas mariée. À ce que m'avait dit Fanette, quand Jeanne avait dix-huit ans, elle avait refusé sèchement l'offre de mariage d'un jeune artisan tanneur, en disant qu'elle préférait rester fille. Pourquoi ? Fanette l'ignorait. Jeanne n'allait pas danser, elle ne voulait pas fêter le mai avec les autres pucelles. Il faut croire qu'elle trouvait son bonheur à travailler chez nous, et n'en cherchait pas d'autre. Elle ne prenait pas soin de sa toilette. Sa peau se marbrait de plaques rouges, et ses cheveux plats étaient coiffés sans goût.

Avec le temps, j'avais réussi à l'apprivoiser un peu, et elle acceptait parfois d'interrompre son ouvrage et de parler. J'appris ainsi qu'elle était terrifiée par l'alambic et les opérations de distillation. Elle y voyait une sombre magie qui, disait-elle, ne pouvait venir que du diable ! J'essayai de la rassurer :

— Crois-tu, ma Jeanne, que le diable s'intéresse aux fleurs de lavande ?

Elle hochait la tête, têtue, et répondait en regardant ses pieds :

— Sauf votre respect, demoiselle Douceline, un chrétien ne devrait pas s'occuper de parfums et de potions ! S'il s'agit de soigner, je ne dis pas non, mais sinon…

Je m'énervais :

— Sinon, quoi ?

— Sinon, c'est insulter le Bon Dieu ! Une honnête femme ne devrait pas chercher à se parfumer, se farder, c'est faire mentir la nature !

Un discours si long, pour Jeanne, c'était étonnant.

— Mais pourquoi Notre Seigneur serait-il offensé par nos eaux de senteur ?

— Parce que c'est péché, le père Anselme a parlé de ça l'autre jour à l'église ! Il a dit que les femmes coquettes iraient rôtir en enfer, demoiselle ! Alors, je me suis demandé : et la demoiselle Douceline, elle qui prépare ces poudres et ces parfums, ne commet-elle pas le mal, elle aussi ?

Jeanne était méconnaissable : son visage maussade s'animait, ses yeux brillaient et ses pommettes rougissaient sous l'effet de l'excitation. J'étais atterrée :

— Jeanne, penses-tu que mon père fait le mal quand il prépare ses pommes d'ambre pour lutter contre les fièvres ? Et crois-tu que le père Joseph aurait assisté à nos expériences s'il pensait que Dieu trouvait cela mauvais ? Voyons, réfléchis…

Jeanne hésita :

— Le père Joseph, du couvent des dominicains ? Il trouve cela bien ?

L'argument avait porté ; Jeanne, troublée, se tut et retourna à son travail en grommelant. Mais moi, j'étais mal à l'aise, malgré mes belles paroles, je doutais de moi. Se pouvait-il que mon goût pour les parfums offensât Dieu ? Au fond de mon cœur, si j'étais honnête avec moi-même, je savais très bien que soigner mon prochain ne m'intéressait pas. Si j'aimais tant les produits parfumés, c'était pour le plaisir qu'ils me donnaient, et aussi pour le bonheur que j'éprouvais en les fabriquant… Est-ce que c'était *mal* ?

Je décidai de parler de tout cela au père Joseph. J'allai le voir au couvent des dominicains, et il me reçut dans le jardin que nous aimions tant, tous les deux. Il écouta mes questions avec beaucoup d'intérêt comme toujours :

— Douceline, te souviens-tu de la parabole des talents ?

— Bien sûr, mon père, c'est dans l'Évangile de saint Matthieu…

— Bien ! Rappelle-toi : avant de s'absenter, un maître confie des pièces – des talents – à chacun de ses trois serviteurs. À son retour, il leur demande des comptes. Celui qui a enterré la pièce pour la mettre en sécurité est sévèrement puni, alors que ceux qui ont fait fructifier leur talent sont récompensés.

Je regardai le père, sans comprendre en quoi cette histoire pouvait m'éclairer.

— Eh bien, poursuivit le dominicain, je crois que cette parabole s'applique aux dons que nous a donnés Notre Seigneur. Je te connais depuis longtemps. Je sais que tu as le talent de distinguer les odeurs, de créer des senteurs et des parfums. Tu dois faire fructifier ce don, Douceline, pour le bien de tous ! Ce qui est mal, c'est de négliger ses propres dons, comprends-tu ? De les laisser en friche, ou de s'en servir dans un mauvais dessein.

— Mon père, comme je suis soulagée ! Quand vous parlez ainsi, tout s'éclaire pour moi. Que vais-je…

Je me tus soudain, et je rougis. J'avais été sur le point de dire : « Que vais-je devenir quand vous ne serez plus là ? » Je crois que le père Joseph s'en douta. Il m'embrassa tendrement et me dit :

— Je suis heureux de t'avoir aidée. Viens, ma fille, allons voir si les pieds de lavande ont poussé.

8

Grasse, printemps 1367

J'avais beau m'y attendre, la nouvelle me coupa le souffle. Je travaillais à la boutique quand Colin rentra et vint me raconter sa journée. Au cours de la conversation, il me glissa, négligemment :

— J'allais oublier, Douceline, Angelo Tombarelli va partir demain. Il me manquera !

Tout mon sang reflua vers mon cœur. Je posai le flacon que je m'apprêtais à remplir et regardai mon frère :

— Demain ? Il rentre à Gênes ?

— Oui, comme c'était prévu. Je vais le regretter, il était de bonne compagnie et savait s'amuser.

Je repensais à Anieuse et à la bande de riches jeunes gens qui l'accompagnait. Oui, Angelo savait s'amuser, je n'en doutais pas. Il allait partir demain… Et moi, je ne le reverrai jamais. Non, c'était trop dur, je ne pouvais supporter cette pensée. Il fallait que je trouve une idée, une ruse, un prétexte pour aller chez les Clémentis et le revoir une dernière fois. Je me levai d'un coup :

— Colin, je viens de me rappeler que dame Péronnelle m'a demandé un fard à lèvres. Je dois le lui porter !

— Est-ce bien nécessaire de t'y rendre ce soir ? Je peux le lui donner demain matin !

— Grand merci, Colin, mais je préfère y aller tout de suite.

Je m'approchai des étagères où nous rangions nos produits. Je pris un pot de baume à lèvres que dame Péronnelle ne m'avait jamais commandé, puis je regardai, cherchant une idée : citron confit, pain de sucre, eau de lavande, eau ardente… et un joli petit oiselet de Chypre. Un oiselet ! Voilà ce qu'il me fallait. Sans me faire voir de Colin, je pris l'oiselet parfumé et je sortis aussi vite que je pus.

Je marchai vite, en trébuchant sur les pavés. J'avais presque la nausée tant j'étais bouleversée. Si j'arrivais à revoir Angelo, que pourrais-je lui dire ? Et si je ne le revoyais pas, s'il n'était pas là ? Non, mieux valait ne pas y penser. Enfin, j'arrivai devant la porte de l'hôtel et frappai. On m'ouvrit, et, rassemblant tout mon courage, je demandai si le *signor* Tombarelli se trouvait au logis. On alla le chercher, et en l'attendant, je m'assis sur un tabouret. Je vis passer une servante avec un seau d'eau, et quelques instants plus tard, un jeune garçon porteur d'un fagot qui me regarda comme si j'étais une bête curieuse. Je sentais mon courage fondre comme neige au soleil. Enfin, Angelo arriva, magnifique comme toujours. Il me vit, et je lus la surprise sur son visage. Je me levai et récitai la phrase que j'avais préparée :

— Colin m'a appris votre prochain départ. Permettez-moi de vous offrir ceci, en souvenir de notre famille.

Je lui tendis l'oiselet ; c'était un petit oiseau doré, coloré au safran et parfumé au miel, dans une cage de fer ouvragé. J'avais pris soin de ne pas choisir une pièce trop coûteuse, afin que le cadeau ne mette pas le jeune homme mal à l'aise.

— Son parfum éloignera de vous le mal de mer, je l'espère. Je vous salue, monsieur !

C'était totalement faux, mais c'est tout ce que j'avais trouvé. J'esquissai une révérence, les yeux baissés, et j'étais si soulagée d'avoir réussi à débiter mon compliment que je m'apprêtais à tourner les talons. Mais Angelo me prit la main :

— *Grazie,* demoiselle Douceline…

Il me regardait, son visage était si près du mien que je n'osai plus respirer. Il avait l'air surpris et ému :

— J'ignorais que les filles de Provence étaient aussi gentilles et prévenantes. Je vous remercie infiniment pour ce cadeau !

— Ce n'est rien ! Et… sachez que toutes les filles de Provence ne se ressemblent pas !

J'avais lâché ce dernier trait comme une flèche, et je le regrettai dans la seconde qui suivit. Angelo sourit, il avait compris que je parlais d'Anieuse, j'en étais sûre. Et son regard pétillait maintenant de malice.

— Non, elles ne se ressemblent pas.

Il me prit le menton et m'embrassa sur la joue, si vite que je ne réagis pas. Puis il s'éloigna en faisant un signe de la main :

— *Saluto* à ton frère Colin, Douceline, et à votre père !

Je quittais la maison, enchantée. Angelo m'avait embrassée, je n'arrivais pas à le croire ! Je passai mon doigt sur ma joue, à l'endroit que ses lèvres avaient touché, et je souris. Pour un peu, j'aurais chanté dans la rue. Tout en marchant, je me rappelai cette façon délicieuse qu'il avait de parler, mêlant l'italien et le français. Il m'avait tutoyée, quel bonheur ! Puis il m'avait dit beaucoup de choses en peu de mots, du moins je le croyais. « J'ignorais que les filles de

Provence étaient aussi prévenantes »… Je voulais y voir la preuve qu'Anieuse, elle, ne lui avait pas fait de cadeau.

J'étais si heureuse d'avoir parlé à Angelo, si satisfaite de notre conversation que je ne fus pas trop affligée le lendemain quand il partit. C'est seulement le soir, quand je compris qu'il avait quitté Grasse, et qu'il était en route pour Nice où il prendrait le bateau qui le conduirait en Italie, que je sentis quelle perte je venais de subir. Voilà, il était parti, Dieu seul savait si je le reverrais un jour. Cependant, je me berçais d'espoir : le père d'Angelo était en affaires avec Honoré Clémentis, peut-être le jeune homme reviendrait-il en Provence ? En attendant, il me restait mon travail. Comme le printemps était là, je pouvais à nouveau me rendre dans les collines et y cueillir des plantes.

Le romarin commençait à fleurir, j'en fis provision. J'aimais beaucoup cet arbuste, aux longs rameaux généreux. Ses feuilles rappelaient, par l'apparence, celles du sapin, mais elles étaient souples, faciles à froisser entre les doigts, et sentaient si bon. Je ne sais pourquoi, mais leur parfum un peu piquant me faisait penser à Angelo. J'eus soudain l'idée un peu folle d'élaborer une eau de senteur à partir du romarin, une eau fraîche et puissante qui me ferait penser à mon bien-aimé… J'entreposai des fagots de romarin dans l'arrière-cuisine, et je me lançai dans des expériences. J'essayai plusieurs techniques : du romarin mariné et bouilli dans du vin, du romarin et du cédrat, du romarin distillé à l'eau… Plus j'avançais, et plus il me semblait qu'il fallait appliquer au romarin la technique de distillation apprise de maître Guilhem, le Montpelliérain. Je rêvais d'obtenir une eau alcoolisée, dont le parfum serait à la fois subtil et fidèle.

Je fis donc macérer des feuilles et des fleurs de romarin dans de l'eau ardente, pendant une semaine. Je mis cette préparation dans l'alambic, et je la fis chauffer. Comme toujours, mon père, que j'essayais d'intéresser à mes expériences, ne m'accorda qu'un intérêt poli, mais je lui étais déjà reconnaissante de me laisser utiliser son alambic.

Après plusieurs tentatives, je réussis à obtenir un flacon de préparation que je jugeais intéressant. L'odeur du romarin y était très présente. Je frottai contre la peau de mon poignet quelques gouttes d'eau parfumée, et je l'approchai de mon nez. Je fermai les yeux, et je respirai. C'était bien, très bien, mais je pourrais l'améliorer en ajoutant autre chose, peut-être de l'eau de menthe, ou de mélisse, pour que ce soit plus subtil. Je décidai de montrer mon œuvre à mon père, pour connaître son avis. J'allai le voir à l'officine où il était en train de tenir ses comptes et lui tendis le flacon de verre. Il en versa quelques gouttes sur sa main, les sentit longuement, et me sourit :

— C'est une eau de romarin, Douceline ? L'odeur est excellente, très fidèle, et je suis sûr qu'elle a des vertus intéressantes si l'on en boit quelques gorgées. Le romarin a beaucoup de qualités, tu le sais. Il combat les maladies froides, il améliore l'appétit et la digestion, il réconforte le cœur, soulage les rhumatismes, clarifie l'intelligence et la mémoire. Je pourrais en donner à certains de mes malades.

J'étais aux anges :

— J'ai donc votre accord pour en fabriquer davantage ? J'aimerais perfectionner la formule, et essayer d'y ajouter de la menthe ou de la mélisse…

Mon père hocha la tête :

— Je te fais confiance. Tu deviens une excellente apothicairesse, et j'en suis heureux. Douceline, assieds-toi, nous devons justement parler de ton avenir.

Je m'assis, un peu inquiète. Mon avenir était ici, à la boutique, de quoi s'agissait-il ? Mon père paraissait mal à l'aise, ce qui ne présageait rien de bon.

— Maître Clémentis est un de mes amis, comme tu le sais. Ses affaires sont florissantes, et il a un fils, Béranger, qui a un an de plus que toi. Son épouse, dame Péronnelle, a remarqué tes qualités…

Je compris soudain où il voulait en venir : les Clémentis lui avaient proposé de me marier à Béranger ! Mon père continua à parler, mais je l'entendais à peine, tant j'étais atterrée : jamais je n'épouserais Béranger ! Tout en moi se révoltait à cette idée. J'aimais Angelo, et même si je ne l'avais pas aimé, Béranger ne m'aurait pas plu. Il était plutôt beau garçon, mais il se montrait si imbu de sa personne, si sérieux. Moi, mariée à Béranger Clémentis… non, ce n'était pas possible !

Je m'aperçus que mon père avait cessé de parler et qu'il me regardait en silence :

— Eh bien, Douceline, qu'en penses-tu ?

— Mon père, je suis très surprise. Je ne m'attendais pas à cela.

— Bien sûr, je le comprends. De toute manière, tu es très jeune, tu dois t'habituer à cette idée, mais nous pourrions envisager des fiançailles d'ici une année, si tu es d'accord.

— Des fiançailles ! Mais, mon père, je ne suis pas sûre de vouloir épouser Béranger Clémentis ! Il est tellement… tellement sérieux.

— Sérieux ?

Mon père fronça les sourcils :

— Je ne te comprends pas, ma fille. Il s'agit là d'une qualité ! Béranger est sérieux, certes, et cette proposition est honnête. J'avoue que de mon côté, je serais très soulagé de te voir bien établie. Et tu es toi-même sérieuse et travailleuse, Douceline.

Je restai sans voix. Sérieuse, moi ? J'étais travailleuse, mais je n'avais aucun mérite : j'aimais ce que je faisais. Et cela ne m'empêchait pas de rêver, mais apparemment, mon père ne l'avait pas compris :

— Mais, mon père, je n'aime pas Béranger Clémentis ! Comment pourrais-je me marier avec un garçon pour qui je n'éprouve aucun amour, aucune tendresse ? Vous devez me comprendre : maman et vous, vous étiez si proches. Je ne peux imaginer un mariage moins heureux que celui que vous avez connu.

Mon père me regarda, et la tristesse que je lus dans ses yeux m'effraya :

— Douceline, je regrette ta mère tous les jours que Dieu me donne à vivre. Mais je vieillis, et je dois penser à ton avenir. Ton frère Colin…

Il fit un geste vague de la main, signifiant par là le peu d'espoir qu'il mettait en l'avenir de son fils. Mieux valait ne pas aborder le sujet.

— Béranger aura une belle situation, et il serait tout à fait favorable à ce que tu travailles. Je sais combien c'est important pour toi. Tu pourras donc continuer à exercer ton métier d'apothicairesse, et reprendre mon officine. Pour m'en assurer, j'en ai parlé à son père.

Ainsi, il avait pensé à mon travail, il avait demandé cela à maître Clémentis ! Cette attention de sa part me bouleversa, et je sentis mes yeux s'embuer.

— Mon père, je vous remercie de vous soucier ainsi de mon avenir. Laissez-moi un peu de temps, je vous en prie.

— Bien sûr, tu n'as que quatorze ans. Vous avez tout le temps de faire connaissance, Béranger et toi. Mais penses-y, ma fille, penses-y. Ce serait un beau mariage.

Je baisai la main de mon père et je sortis. Le monde venait de s'écrouler autour de moi. Mon père vieillissait, s'inquiétait pour tout, perdait confiance en l'avenir, en ma jeunesse. Il tenait à ce mariage. Il ne changerait pas d'avis, je le sentais. Qu'est-ce que j'allais pouvoir faire ?

9

J'en tombai malade. Pendant trois jours, je restai couchée, en proie à une forte fièvre. Je délirais. Un jour, je crus voir ma mère, assise à mon chevet, en train d'effeuiller des roses. Je tendis le bras pour la toucher, mais l'apparition s'évanouit. Une autre fois, je m'imaginai être dans un bateau ; j'allais à Gênes avec Angelo et j'avais le mal de mer. Ce n'était guère étonnant, avec la fièvre que j'avais : tout tournait autour de moi. J'avais l'impression que ma couche tanguait et j'étais incapable de poser un pied par terre.

Mon père me prépara des potions et prit soin de ma santé, sans voir quelle était la cause de mon mal. Mais Fanette comprit, elle. Elle me faisait des bouillons, les montait dans ma chambre, et me les donnait à boire comme à une enfant, en tenant le bol d'une main et ma tête de l'autre. J'étais sans volonté, et je buvais sans y faire attention. Un matin où j'étais moins fiévreuse, Fanette me demanda :

— Ça va mieux ?

Je murmurai :

— Oui, merci, Fanette…

Je portai la main à mon front, il était moite de sueur mais il était frais. La fièvre était partie.

— Dis-moi, ma Douceline, qu'est-ce qu'on t'a fait ?

Je la fixai sans comprendre :

— Que veux-tu dire ?

Elle me prit par les épaules et s'approcha de moi, tout près :

— Douceline, je te connais depuis que tu es venue au monde. Je ne suis pas médecin ni apothicaire, mais je sais que cette maladie-là, ce n'est pas une fièvre ordinaire. Je le sens, c'est tout. Qu'est-ce qu'il y a ? Dis-le moi !

Fanette me tutoyait, comme dans ma petite enfance. C'était trop pour moi. Je me blottis contre son épaule et me mis à sangloter. Je lui racontai ce qui me pesait : l'horrible projet de mariage, mon amour pour Angelo, Colin et ses rêves de gloire, mon père qui vieillissait et peu à peu se détachait de tout... Fanette me berça comme elle le faisait des années auparavant, quand je tombais et que je m'écorchais le genou :

— Ne pleure pas, ma belle, ça va aller.

— Qu'est-ce que je dois faire, Fanette ?

— Dieu y pourvoira. Aie confiance, ma pauvrette. Mais d'abord, il faut guérir et reprendre des forces. Dors, Douceline...

Je m'endormis, apaisée, bercée sur son épaule. Quand je me réveillai, le lendemain, il faisait beau. Je me levai lentement : mes jambes étaient encore faibles et quand je posai mes pieds nus sur les carreaux, je frissonnai. Je me lavai à l'eau fraîche, je me peignai avec soin et mis une chemise propre. Je me sentais renaître. Je descendis à la cuisine, Fanette était en train d'y casser des noisettes. Elle me prit par le bras et m'aida à m'asseoir :

— Faites attention, Douceline, vous êtes encore fragile...

— Où est mon père ?

— Il est sorti, et Colin est chez maître Clémentis. Comment allez-vous ?

Fanette me regardait avec tant de bonté, tant d'inquiétude dans le regard que je sentis les larmes me brouiller les yeux, mais je ne voulais pas pleurer. Je tournai la tête :

— Je vais mieux, merci. Pourrais-je avoir quelque chose à boire ?

Fanette se leva et me remplit un bol de lait frais. Elle me le tendit et dit :

— Voilà, vous allez vous remettre très vite, j'en prendrai soin !

Elle ne me parla pas d'Angelo, cela nous aurait gênées toutes les deux. Et elle recommençait à me vouvoyer, abandonnant l'intimité créée par ma maladie. Je n'avais personne à qui demander conseil, personne. Colin m'aurait ri au nez, et je n'avais aucune amie de mon âge. Quant au père Joseph, je pensais qu'il était trop âgé pour me comprendre. J'avais très peur qu'il trouve dix bonnes raisons d'accepter ce mariage, je n'avais donc aucune envie de lui en parler.

Je pris ma pèlerine et sortis. J'allai à l'église : à cette heure, elle était vide et j'espérais y trouver le réconfort dont j'avais besoin. Des cierges brûlaient devant une statue de la Vierge. Elle ressemblait à maman : même douceur, même sourire. Que m'aurait dit ma mère, que m'aurait-elle conseillé ? Si elle avait été là, jamais mon père ne se serait lancé dans ce projet de mariage. Je fermai les yeux et j'essayai de prier, mais je n'y arrivai pas. Devais-je obéir à mon père, épouser Béranger, et essayer de trouver mon bonheur seulement dans mon travail ? Mon père était si bon pour moi, imaginer que je puisse le décevoir me désolait.

Je m'efforçai d'être honnête et d'imaginer quelle serait ma vie si j'épousais Béranger. J'habiterais dans le superbe hôtel des Clémentis, j'aurais des robes luxueuses, de nombreux domestiques. Je mangerais chaque jour avec dame Péronnelle et son époux. L'après-midi, je quitterais ma maison pour rejoindre mon vieux père à la boutique et travailler, avant de rentrer passer la soirée en compagnie de Béranger, mon époux. Je me levai, j'avais l'impression d'étouffer : une telle existence ressemblerait à un long fleuve d'ennui où j'allais me noyer ! Je ne pouvais pas accepter cela, je devais trouver une solution. Il allait se passer quelque chose, mon père finirait bien par changer d'avis, que sais-je ? Je m'agenouillai devant la statue de Marie et cette fois je priai pour que la Vierge me donne la force de résister. Quand je quittai l'église, je me sentais apaisée. J'avais pris ma décision : jamais je n'épouserai Béranger, rien ne pourrait m'y obliger, pas même mon père. Comment serait-ce possible ? Je n'en savais rien, mais j'avais une force : mon travail, mon talent. Je pouvais rester fille, et travailler à la boutique. Peut-être qu'un jour Angelo reviendrait, et s'il ne revenait pas, ou s'il revenait et ne voulait pas de moi, je ne me marierais pas, voilà tout ! Mieux valait rester seule et travailler comme il me plaisait que d'épouser ce balourd de Béranger.

Je décidai de m'en tenir à ce que mon père m'avait dit : j'étais trop jeune pour envisager des fiançailles. J'allais mettre à profit ce répit pour travailler, et terminer l'eau de senteur au romarin que j'avais inventée. Je passai l'été à l'améliorer. J'y ajoutai de l'écorce d'orange séchée, de la menthe poivrée du couvent des dominicains, la plus parfumée que je connaisse, et de la mélisse. Enfin, un jour, je réussis à obtenir le parfum dont je rêvais : frais et piquant à la fois, subtil et tonique. Je m'en frottai le poignet, et le portai à mon visage : c'était exactement la senteur que je voulais, tout était équilibré, aucune fragrance ne dominait les autres. Je poussai un cri de joie en battant des mains, toute seule dans l'officine. Pour un peu, j'aurais dansé ! Je me hâtais de noter toutes les opérations que j'avais faites, ainsi que les quantités de plantes et de vin utilisées, pour pouvoir refaire la même liqueur à l'avenir. J'avais réussi, j'avais créé un parfum merveilleux. Si Angelo avait pu le sentir, il aurait été impressionné, j'en étais sûre. C'était tellement mieux que la vulgaire eau de senteur de cette Anieuse, qui puait la cannelle !

Angelo… quand je pensais à lui, la tristesse me submergeait. Il reviendrait, je voulais le croire. Il découvrirait que j'étais une apothicairesse très douée et il tomberait amoureux, forcément ! En attendant, il fallait que je trouve un nom pour mon eau de senteur, un nom qui me plaise, qui soit facile à retenir. Je pensais tout naturellement à *L'Eau d'Angelo*. Ce n'était pas possible, évidemment. *L'Eau des anges*, alors ? Voilà, c'était parfait, c'était un nom magnifique, et, à part moi, personne ne saurait jamais que j'avais choisi ce nom en hommage à Angelo. *L'Eau des anges*… Je le répétai à mi-voix, ravie. C'était un nom merveilleux.

10

Grasse, automne 1367

Colin travaillait toujours chez maître Clémentis, et le départ d'Angelo, qu'il aimait bien, semblait avoir altéré définitivement son humeur. Il était maussade, parlait peu, rabrouait Fanette et Jeanne. Mon frère avait beaucoup changé depuis l'hiver dernier; à seize ans, il avait atteint sa taille d'homme. C'était un beau garçon, grand et robuste, aux cheveux drus et à la bouche large. Je comprenais mon père qui voulait pour lui un bel avenir, mais je reconnais qu'en le voyant, n'importe qui l'aurait pris pour un homme d'armes plutôt que pour un clerc ou un marchand. Pauvre Colin! Il détestait les chiffres et les comptes, et n'avait pas la patience nécessaire pour s'intéresser aux affaires. Les disputes entre lui et mon père devenaient de plus en plus fréquentes, et je ne savais que faire ni que dire pour améliorer les choses.

Un soir d'octobre, il rentra de son travail de meilleure humeur qu'à l'ordinaire et me demanda:

— Douceline, te souviens-tu d'Angelo, le Génois?

Je manquai renverser le pot de miel que j'étais en train de ranger:

— Bien sûr, mon frère.

— Il a écrit aux Clémentis, et figure-toi qu'il parle de toi !

Je réussis à articuler :

— De moi ? Mais que dit-il ?

— Il demande de transmettre ses compliments à la demoiselle Douceline et de lui faire savoir que son oiselet l'a empêché d'être malade. Douceline, qu'est-ce que c'est que cette histoire d'oiselet ?

Je regardai Colin qui me dépassait d'une tête, il avait l'air étonné, mais ne semblait pas méfiant, ni fâché. Il était si droit, si franc, mon frère ! Soudain, j'eus envie de lui dire mon amour pour Angelo, les projets de mariage, ma solitude, tout…

— Colin, je voudrais te parler.

Cela me fit du bien d'ouvrir mon cœur à mon frère. Quand j'eus fini, il ne se moqua pas de moi ; il me prit la main, à sa manière maladroite :

— Douceline, tu ne peux faire meilleur choix. Angelo Tombarelli est un garçon comme je les aime, mais que dira notre père, s'il souhaite te marier à cette grosse gaufre de Béranger ? La peste soit de ce bonhomme, il m'insupporte avec ses grands airs !

— Tu oublies l'essentiel, Colin, Angelo ne m'aime pas !

Colin fit un grand geste de la main, balayant ce détail :

— Bah, il apprendra à te connaître, petite sœur ! M'est avis qu'il reviendra un jour, sais-tu ? Les affaires du Clémentis avec les Génois prospèrent. On peut dire que le père Honoré a le sens du négoce. Il reviendra, avec des paquets de peaux à tanner ou du miel à vendre, il faut y croire !

Je me jetai dans les bras de Colin et j'éclatai en sanglots.

J'avais montré *L'Eau des anges* à mon père, et même au père Joseph qui me félicita chaudement ; mais ce que je n'avais pas imaginé, c'est que mon père allait parler de ma création à maître Clémentis, et la présenter à son épouse. C'est ainsi que cette dame me fit appeler un jour et me convoqua à son hôtel. Elle me reçut assise devant un bon feu, un petit chien sur les genoux. Elle était vêtue d'une robe brune en laine des Flandres, réchauffée par un surcot fourré brodé de fils d'argent. Je portais ma vieille robe de drap vert que je mettais pour travailler, j'eus honte de ne pas m'être changée.

— Asseyez-vous, mon enfant, fit la dame en me montrant un tabouret.

Je m'exécutai en silence.

— Savez-vous que vous m'étonnerez toujours ? Votre père m'a donné un flacon de votre *Eau des anges*. C'est une réussite, Douceline !

Je me mordis la lèvre pour ne pas crier. Mon parfum, mon parfum bien-aimé, porté par cette femme, c'était comme une trahison. Mais je me retins :

— Merci, Madame.

— Vous êtes modeste, c'est bien. Mais j'ai de grands projets pour vous, Douceline !

Elle allait me parler mariage. Je sautai sur mes pieds, renversant à demi le tabouret :

— Madame, je ne mérite pas que vous vous occupiez de moi, je vous l'assure, je…

Mais dame Péronnelle fronçait les sourcils. Sa bienveillance s'était vite évanouie et son naturel autoritaire reprenait le dessus :

— Asseyez-vous donc, petite sotte ! Parlons de vos parfums.

Elle soupira, et m'observa tandis que je gardais les yeux baissés.

— Je crois que vos talents devraient être connus au-delà de notre cité, Douceline. Vos eaux de fleurs et cette *Eau des anges* intéresseraient sûrement les riches seigneurs français, et les nobles Génois. Qu'en dites-vous ?

Je ne m'attendais pas à cela. Abasourdie, je ne trouvai rien à répondre. La dame poursuivit :

— Maître Clémentis pense en parler à votre père, Douceline. Il propose de mettre quelques flacons de vos senteurs dans notre prochain convoi pour Gênes. De mon côté, je crois qu'il faudrait les présenter à la foire de Beaucaire.

— La foire de Beaucaire ?

— Oui, Beaucaire, en Languedoc ! Vous en avez sûrement entendu parler ?

Je connaissais de nom cette foire qui se tenait chaque année en été, à la sainte Marie-Madeleine. Nos artisans tanneurs, du moins les plus ambitieux d'entre eux, y envoyaient régulièrement des peaux. Tout s'y vendait : épices, vins, draps et étoffes, onguents et parfums aussi, sans doute. Mon père n'y était jamais allé, c'était si loin ! Beaucaire se trouvait en terre d'Oc, au bord du Rhône, et les routes étaient très peu sûres. J'avais entendu de terribles histoires de marchands qui avaient été détroussés ou, pire, assassinés, par des troupes de brigands qui infestaient les chemins. Je demandai :

— Maître Clémentis se rendra-t-il à la foire de Beaucaire ?

— Pas lui, mais son commis, sans doute, et sous bonne escorte ! Il pourrait faire connaître vos créations, Douceline, qu'en pensez-vous ? Je trouve que c'est une excellente idée. Mon fils Béranger sera peut-être du voyage.

Je remerciai dame Péronnelle de sa bonté, et cette fois j'étais sincère.

Maître Clémentis alla voir mon père à plusieurs reprises pour parler de ce projet ; il se montra si enthousiaste qu'il réussit à le convaincre. C'était décidé, mes parfums seraient envoyés à Gênes, et à Beaucaire. Je me mis au travail, pour en confectionner suffisamment de flacons. J'avais du temps, puisque la foire se tenait au mois de juillet, après mon quinzième anniversaire.

Puis les choses commencèrent à se gâter. Ce fut d'abord Colin qui me rapporta des propos alarmants :

— Douceline, j'ai entendu dame Péronnelle parler du mariage de son fils.

— Avec qui ?

C'était une question stupide. J'aurais dû deviner la réponse rien qu'en voyant l'air sinistre de mon frère :

— Avec toi, je suppose ! Dame Péronnelle disait à son époux qu'il faudrait envisager des travaux dans leur hôtel si *le jeune couple* s'installait à l'étage…

Ma gorge se serra :

— Et ?

— Et Clémentis répondait qu'ils avaient encore quelque mois devant eux.

Je criais :

— Quelques mois ? Comment cela, quelques mois ? Rien n'est décidé, Colin, tu le sais !

— Moi je le sais, petite sœur, mais eux semblent considérer que c'est certain, je le crains. Douceline, si tu ne fais rien, tu vas te retrouver mariée au gros Béranger sans avoir le temps de savoir comment ! Regarde notre père, il vieillit, il…

— Chuuuut… Colin, parle moins fort, il est dans l'officine !

— Il n'a plus la vigueur d'autrefois, que Dieu me pardonne, tu le sais bien ! Si les Clémentis sont décidés à conclure ce mariage, je doute qu'il ait l'énergie nécessaire pour s'y opposer.

— Surtout que cette union lui plaît. Oh, Colin, que dois-je faire ?

Mon frère écarta les bras, impuissant :

— Ça, je n'en sais rien !

L'idée me vint au milieu du repas. Nous étions attablés, Colin, mon père et moi, quand mon père se mit à parler de ses réserves de cannelle et d'encens, qui diminuaient de manière inquiétante.

— Il m'en faudrait bien plus, et aussi du musc, qui est fort rare, mais il est impossible d'en trouver sur le marché de Grasse. Et voilà longtemps qu'aucun colporteur n'a visité notre ville. De toute manière, je doute qu'un simple colporteur me propose du musc de qualité.

Colin prit la parole :

— Ne pourriez-vous profiter du voyage à Beaucaire pour en commander ? Le commis des Clémentis, ou Béranger lui-même, pourrait s'en charger.

Mon père se renfrogna :

— Colin, choisir épices et médecines suppose un grand discernement, et de l'expérience. Je crains que le commis ou Béranger ne se fasse berner par un marchand sans scrupules…

C'est là que l'idée surgit. Lumineuse, évidente, imparable :

— Père, je pourrais me rendre à Beaucaire ! Ainsi je choisirai moi-même tout ce dont nous avons besoin, qu'en pensez-vous ?

Mon père posa sa cuillère, stupéfait :

— Toi, Douceline, faire un aussi long voyage ? Mais les chemins sont périlleux…

— Je l'accompagnerai, mon père, s'écria Colin que le seul mot de péril faisait, je le sentis, frétiller comme saumon en fontaine, et je veillerai sur elle ! Avec votre permission.

— Mais Douceline, et ton travail à la boutique ? Comment pourrais-je me passer de toi ?

— Mon père, ce ne serait que pour quelques semaines, et ce voyage me permettrait d'acheter des produits rares. On trouve à la foire de Beaucaire des grains d'ambre et de l'oliban[1], paraît-il.

— Certes, mais toi, Colin, ton travail…

— Père, si vous êtes d'accord, j'en parlerai à maître Clémentis. Je m'instruirai sans doute en me rendant dans une grande foire.

S'instruire ! Comme si c'était dans les préoccupations de mon frère… Je réprimai un sourire. Mon père hésitait :

— Sans doute, Colin, sans doute… Douceline, je crois que Béranger est du voyage, n'est-ce pas ? Oui, ce n'est pas une mauvaise idée. Je vais y songer, mes enfants.

Béranger, toujours lui ! Si mon père s'imaginait que passer des semaines sur les routes avec ce jeune homme

1. Grains d'encens pur.

allait me le faire apprécier davantage, il se trompait. Mais l'essentiel était ailleurs, j'allais gagner quelques mois de répit en allant à Beaucaire.

Colin était ravi. Quand nous fûmes seuls, il me dit :

— Notre père va accepter, j'en suis sûr ! Ce voyage va être magnifique, Douceline. Nous allons enfin sortir de cette ville où j'étouffe. Et qui sait ? Ton Béranger y rencontrera peut-être une ravissante damoiselle de Beaucaire qui lui fera oublier tes charmes.

Je protestai :

— Ce n'est pas « mon Béranger », Colin ! Oh, si tu pouvais avoir raison, si notre père acceptait, ce serait merveilleux !

11

Colin et moi avons discuté pendant de longues soirées avec mon père, essayant de le persuader. Il commençait à se laisser convaincre, quand une terrible nouvelle vint bouleverser nos projets. C'était le matin du jour de mes quinze ans ; je venais de finir mes prières lorsque j'entendis taper violemment à la porte d'entrée. Je me précipitai dans l'escalier, mais mon père, qui dormait très mal et se levait tôt, m'avait devancée. Il ouvrit, et nous vîmes maître Clémentis, rouge et soufflant, l'air bouleversé :

— Maître Guillaume, tout est compromis ! Nos projets, le voyage, la foire… Les Français font le siège de la ville de Tarascon !

— Que dites-vous ? s'écria mon père.

Prenant son ami par le bras, mon père le fit entrer et asseoir devant le feu que Fanette attisait. Je les suivis.

— Tarascon est assiégé ! reprit le bourgeois. Le duc d'Anjou, le frère du roi de France, a, paraît-il, embauché Du Guesclin pour tenir le siège.

— Du Guesclin ? s'écria Colin, qui venait d'arriver. Le Dogue de Brocéliande ?

Je regardai mon frère, ses yeux brillaient d'excitation. Maître Clémentis lui répondit :

— Oui. Vous comprenez qu'il n'est plus question, hélas, d'aller à la foire de Beaucaire.

Je ne comprenais rien du tout. J'ignorais qui était ce Du Guesclin, et en quoi nous étions concernés par ce siège. Je demandai à Colin :

— Pourquoi cela nous empêche-t-il de partir ?

Mon frère m'expliqua :

— Beaucaire et Tarascon sont deux cités très proches. Tarascon se trouve en Provence, et Beaucaire, en Languedoc, mais seul le Rhône les sépare. S'il y a un siège devant Tarascon, tout le pays risque d'être mis à sac.

Maître Clémentis poursuivit, amer :

— Si le siège s'éternise, il est possible que la foire n'ait pas lieu.

Je m'assis sur un coffre, pour digérer la nouvelle, et je tentai de suivre la conversation. Dans l'ignorance où j'étais des affaires de France, tout cela me semblait obscur, mais peu à peu, en les écoutant parler, je compris. Le duc d'Anjou, le frère du roi de France Charles le Cinquième, s'était mis en tête de conquérir notre Provence. Notre reine Jeanne, comtesse de Provence, vivait en Italie, à Naples, et ne se trouvait guère en état de prendre les armes pour nous défendre contre les Français. Le duc avait embauché un homme d'armes breton, Bertrand Du Guesclin, qui venait d'être libéré par les Anglais. Je m'y perdais :

— Colin, pourquoi Du Guesclin était-il prisonnier des Anglais ?

Sur ce genre de sujet, mon frère était imbattable :

— Il faisait la guerre en Espagne, en Castille, plus exactement, pour soutenir Henri de Trastamare contre Pierre le Cruel.

— Pierre le Cruel ? Voici un bien méchant surnom…

— Il le mérite, s'écria mon frère. On dit même qu'il aurait assassiné sa femme, une princesse de France…

C'est pourquoi le roi de France a envoyé Du Guesclin et ses hommes se mettre au service d'Henri, pour chasser Pierre le Cruel de Castille ! Cela aura aussi l'avantage de débarrasser le pays de France des Grandes Compagnies[1].

— Mais les Anglais, sous les ordres du Prince Noir, soutiennent le Cruel, ajouta Clémentis. Ils ont capturé Du Guesclin, et espèrent obtenir une forte rançon en échange de sa libération… On dit que le Breton en a fixé lui-même le montant !

— Une rançon énorme, poursuivit mon père.

— Oui, ajouta Colin, cent mille florins ! Du Guesclin a lancé la somme à la face de l'Anglais, le Prince Noir en personne. Il a dit qu'il n'y avait pas une fileuse en France qui ne soit fière de travailler pour payer sa rançon.

Je fus émue, presque malgré moi, par cet aplomb extraordinaire. Mon père protesta :

— Quelle vanité ! Du Guesclin a été libéré sur parole, et se trouve libre de porter de nouveau la guerre où on l'appelle. Pour notre malheur, cet homme vient se battre en Provence, avec ses routiers…

Les routiers ! Les souvenirs de mon enfance me revinrent à l'esprit, quand ces troupes de brigands semaient la terreur dans la région. Ainsi, un prince comme le duc d'Anjou faisait appel à ces brutes…

— Avec Du Guesclin, ses routiers et l'armée du duc à ses portes, la pauvre cité de Tarascon ne tiendra guère… soupira maître Clémentis. C'est très mauvais pour le commerce.

— Quand a commencé le siège ? demanda mon père.

1. Troupes de routiers.

— Au début du mois de mars. Je viens de recevoir une lettre d'un de mes fournisseurs de Beaucaire, il me l'a écrite dès qu'il a appris les événements.

Je murmurai :

— Alors, c'est la guerre…

Mon père me prit la main :

— C'est la guerre à Tarascon, Douceline. La Provence est grande, l'armée du duc et les routiers ne sont pas encore à notre porte. Mais il est sûr que vous ne devez plus songer à partir.

Dès le lendemain, ma ville fit dire des messes pour demander la protection du ciel sur nos amis Provençaux. J'étais comme assommée par ce coup du sort. Je compatissais aux souffrances des habitants de la ville assiégée, mais je ne pouvais m'empêcher de regretter aussi le beau voyage que j'avais espéré faire. J'avais honte de ces pensées égoïstes. Heureusement, dans la tourmente, il n'était plus question non plus de fiançailles avec Béranger !

Les mois d'avril et de mai se passèrent ainsi, dans l'attente de nouvelles. Je vaquais à mon travail, j'aidais mon père de mon mieux. Fanette m'apportait presque chaque jour une foule d'informations glanées sur le marché ou dans les ruelles. On annonçait tantôt la défaite des Français, tantôt celle des Provençaux. Toutes étaient aussi fausses les unes que les autres. Je me résignai à essayer de vivre au jour le jour, sans me soucier du lendemain, mais cela n'était pas dans ma nature.

Colin et d'autres jeunes hommes de son entourage, aussi pressés que lui d'en découdre avec les Français, passaient des heures à s'entraîner à l'épée, en cachette de mon père. Ils s'informaient de tout, et guettaient les voyageurs qui arrivaient aux portes de notre cité. C'est ainsi qu'un beau jour de juin, mon frère accourut chez nous avec une grande nouvelle :

— Il paraît que Tarascon a capitulé ! Les Français ont gagné !

Mon père baissa la tête et soupira sans rien dire. Je remarquai pour la première fois que ses cheveux commençaient à grisonner. Devant son silence, je risquai :

— Que va-t-il se passer maintenant ?

Il leva les yeux ; il semblait épuisé :

— Je l'ignore, mes enfants. Nous sommes tous dans la main de Dieu…

Il retourna dans l'officine et Colin grommela :

— Dans la main de Dieu, dans la main de Dieu, voilà qui ne nous avance guère !

Je m'écriai, choquée :

— Colin, tu blasphèmes !

— Mais non, petite sœur, je révère le Seigneur Dieu, tu le sais bien, et Notre Dame la Vierge ! Mais pourquoi faudrait-il rester ici sans rien faire alors que les nôtres se battent, dis-moi ?

— Si ce Du Guesclin est aussi terrible qu'on le dit, tu risques d'avoir la chance de te battre bientôt, ici même, pour nous défendre tous. Est-ce cela que tu veux ?

Mais les nouvelles qui arrivèrent jusqu'à nous ne devaient pas confirmer mes craintes. Après le siège de Tarascon, les troupes du duc d'Anjou semblaient avoir disparu. Mon père s'en réjouit :

— Peut-être le duc se contentera-t-il de cette ville. S'il s'avère que Du Guesclin et ses routiers ont quitté le sol provençal, ce sera une bénédiction !

— Tout à fait, mon père, approuva Colin, et les affaires reprendraient. Nous pourrions alors songer à notre voyage.

— Il est encore trop tôt, Colin ! coupa mon père.

Mais bientôt, maître Clémentis lui-même revint à la charge. Il expliqua à mon père que les nouvelles de Beaucaire étaient bonnes. Selon ses informations, la ville était paisible, et la foire aurait bien lieu le 22 juillet, pour la Sainte Marie-Madeleine. Il était encore temps de partir. Bien entendu, mon père hésita, mais maître Clémentis et dame Péronnelle réussirent à le convaincre. Nous ferions le voyage avec d'autres Grassois, sous bonne escorte : la ville paierait les services de deux hommes d'armes, et la confrérie des tanneurs en rétribuerait deux autres, pour garantir notre sécurité.

De fait, c'est une vraie caravane qui se préparait à partir pour le Languedoc : outre Colin et moi, il y avait Béranger Clémentis et son commis – un homme tout sec et rassis appelé Paulin –, plus deux artisans tanneurs désirant écouler leurs plus belles peaux, un marchand de draps, une dame veuve qui souhaitait se rendre à Beaucaire pour ses affaires, un clerc qui irait jusqu'à Saint-Maximin pour y prier sur la tombe de sainte Marie-Madeleine, et les quatre hommes d'armes. Et je ne compte pas la servante de la dame et l'apprenti du marchand, chargé de l'entretien de sa mule !

Plus la date du départ approchait, plus je me sentais heureuse. L'été était là, j'avais fêté mes quinze ans et je piaffais d'impatience à l'idée de partir. J'étais ravie que Colin m'accompagne ; je comptais sur lui pour me protéger des dangers du voyage, que je n'imaginais guère, mais surtout des bavardages indésirables de Béranger. Nous avions mille choses à faire d'ici là, surtout moi, qui travaillais auprès de mon père. Je mis les bouchées doubles pour que ma longue absence ne lui soit pas trop dure. Fanette, qui s'inquiétait pour un rien, fut évidemment consternée d'apprendre notre départ. Elle mit une semaine à accepter cette idée, une semaine pendant laquelle elle sembla avoir perdu toute gaieté. Puis à la fin, elle nous dit en grand secret, à Colin et moi :

— Puisque vous avez perdu le sens à vouloir ainsi courir les routes, voici de quoi vous protéger…

Toute fière, elle sortit de sa poche une boîte de bois décorée d'images peintes :

— Ce sont des reliques de sainte Euphrasie ! Je les ai achetées à grand-peine, auprès d'un frère prêcheur de passage. Il m'a assuré qu'elles seraient très efficaces pour vous protéger des dangers du voyage.

Sa voix se brisa. Je la serrai dans mes bras en la remerciant. Pauvre Fanette ! Elle avait sans doute été bernée. Les faux frères prêcheurs étaient légion, qui exploitaient la crédulité des pauvres gens en leur vendant très cher des reliques douteuses, mais je pris le coffret avec émotion, et il ne me quitta plus. Aujourd'hui encore, cette relique m'est infiniment précieuse, elle représente pour moi tout l'amour de notre chère Fanette.

12

Grasse, mois de juin 1368

Le 17 juin, au petit matin, Colin et moi quittâmes notre maison chargés de sacs et de paquets. Notre père et Fanette nous accompagnèrent jusqu'aux portes de la ville. Fanette avait les yeux rouges, et mon père me sembla vieux, voûté, fatigué. J'eus le terrible pressentiment que je ne le reverrais plus, qu'il aurait quitté ce monde avant notre retour. Je me raisonnai pour ne pas céder à la panique. Il m'embrassa rapidement, sans doute pour ne pas montrer son émotion, mais il me glissa dans la main un petit pomander d'argent qui embaumait la lavande :

— Promets-moi de t'en servir si l'air est malsain.

Je l'embrassai, très émue. Il se tourna ensuite vers Colin et lui remit un étrange paquet enveloppé de toile :

— Prends-le, mon fils, tu pourrais en avoir besoin.

Il nous regarda tous les deux longuement, comme s'il voulait se souvenir du moindre détail de nos visages, et il murmura avant de tourner les talons :

— Que Dieu vous garde !

Après son départ, mon frère déballa le paquet. C'était une épée…

Notre départ avait attiré une foule de badauds massés au pied des remparts. La porte s'ouvrit, et notre caravane s'ébranla. En tête chevauchaient les soldats, suivis par dame Constance, la veuve, sur une belle petite jument blanche. Les deux tanneurs et le marchand drapier voyageaient à dos de mulet, alors que Colin, Béranger et son commis allaient à pied, ainsi que le clerc qui allait prier sur la tombe de Marie-Madeleine.

J'étais assise sur une carriole tirée par un âne, à côté d'Héloïse, la jeune servante de dame Constance. D'autres chariots transportaient nos provisions, nos bagages, et les marchandises que nous devions vendre à la foire. Mes précieux flacons d'eau de senteur voyageraient en sûreté dans un coffret, que j'avais capitonné de toile pour amortir les chocs.

La route s'étirait devant nous, au milieu des collines. Je connaissais peu les alentours de Grasse, je n'en étais jamais sortie qu'à pied, pour cueillir des plantes. Il me tardait de découvrir d'autres contrées.

Il faisait beau, les oiseaux pépiaient, je sentais sur mes joues la chaleur du soleil. Je trouvais l'air incroyablement pur. Je me délectais du parfum des genêts en fleurs, du romarin que j'aimais tant, et du thym. J'étais enfin débarrassée de l'horrible odeur acide des tanneries, qui imprégnait la moindre ruelle de Grasse et troublait toujours un peu mon odorat.

Jour après jour, j'allais apprendre à connaître mes compagnons de voyage, que le hasard avait réunis pour quelques semaines. Les quatre soldats portaient tous un baudrier de cuir, pour les protéger des coups en cas de bataille. Leurs armes étaient accrochées derrière leurs selles. Ils parlaient peu, mangeaient entre eux et se tenaient à l'écart du groupe.

Je n'eus que peu de contacts avec le clerc pèlerin, un jeune homme assez distant qui marchait loin des carrioles pour éviter la poussière. Quant aux deux tanneurs et au drapier, dont les mules trottaient devant mon chariot, ils avaient l'âge et l'assurance de maître Clémentis, et semblaient aussi prospères que lui. Ils amenaient avec eux de gros sacs remplis de leurs plus belles marchandises et dès le début du voyage, ils se mirent à parler affaires avec ferveur.

Dame Constance, qui vint chevaucher près de mon chariot, se révéla la personne la plus intéressante de la troupe. Elle montait fort bien à cheval, et quand elle s'approcha de moi, je m'aperçus qu'elle était plus âgée que sa silhouette ne le laissait supposer. Ses cheveux gris, joliment tressés en couronne, lui donnaient belle allure. Elle avait des yeux noirs, un long nez droit, et un air de franchise qui me plut tout de suite. Après avoir dit quelques mots à sa servante Héloïse, elle engagea la conversation :

— Vous êtes la fille de maître Augier, l'apothicaire, n'est-ce pas ?

Dame Constance était de bonne compagnie, et nous avons longuement discuté. Je lui confiai mon espoir de vendre mes précieux flacons à la foire. Elle me parla très simplement de sa vie, de son défunt époux, des voyages qu'ils avaient faits ensemble pour ses affaires, de son fils unique qui était mort la même année que ma mère. Elle allait à Beaucaire, où elle avait de la famille, pour y rencontrer un notaire chargé de gérer une partie de ses biens.

— Rentrerez-vous avec nous dès la fin de la foire ?

— Si j'en ai terminé avec mon notaire. Sinon, j'aviserai…

J'admirai cette confiance tranquille en l'avenir. À force de rester confinée en ville, le monde extérieur m'apparaissait comme un lieu hostile et périlleux. Dame Constance n'hésitait pas à l'affronter, à cheval, malgré son âge, et accompagnée d'une seule servante. Je me dis que j'avais des progrès à faire.

Nous avons cheminé sans encombre. Colin n'était jamais fatigué, mais Béranger, après une heure de route, commença à traîner la patte et à ronchonner, se plaignant de la chaleur, du mauvais état du chemin, des mouches et que sais-je encore. Il n'était guère équipé pour marcher, son manteau trop épais le gênait et ses souliers neufs le faisaient souffrir. Bientôt, il se mit à lorgner du côté des chariots, et ce que je redoutais arriva. Il s'approcha de moi et me demanda d'un air hautain :

— Puis-je m'asseoir auprès de vous ? La marche me fatigue.

Il n'attendit pas ma réponse pour monter lourdement à mes côtés, et s'asseoir avec un soupir d'aise. J'étais exaspérée et décidai de ne faire aucun effort pour être aimable. Je regardai au loin et ne desserrai pas les dents, mais ce lourdaud ne s'en aperçut même pas. En plus, il avait beaucoup sué et sentait mauvais. Nous sommes restés assis côte à côte sans nous dire un mot. Heureusement, le jour déclinait, et nous approchions de la ville de Fayence où nous allions passer la nuit, dans une auberge que connaissait l'un des tanneurs. Je partageais une chambrette avec les autres femmes de l'expédition. Trois paillasses nous y attendaient, posées à même le sol, et un baquet d'eau froide était là pour nous rafraîchir. Malgré ce confort sommaire, je sombrai très vite dans un profond sommeil.

Au petit matin, le chant du coq me réveilla, ainsi que le bruit des sabots des chevaux sur le pavé de la cour. Dès que je posai le pied sur les carreaux, je poussai un cri de douleur : tout le bas de mon dos était douloureux et courbaturé. Dame Constance, qui était déjà habillée et coiffée, s'écria :

— Le balancement des chariots est très mauvais pour le dos. Voulez-vous que je vous apprenne à monter à cheval ?

La proposition était si inattendue que j'éclatai de rire, mais la dame était sérieuse. Elle pourrait me prêter son propre cheval de temps en temps, et se faisait fort de demander à l'un des drapiers de me confier sa mule. J'étais ravie de cette occasion inespérée, et c'est ainsi que je pris ma première leçon, au petit matin, dans la cour de l'auberge. Colin m'aida à monter à califourchon sur la petite jument blanche que dame Constance tenait par la bride. Peu à peu, je pris confiance, et je commençai à trottiner, me dirigeant vers un pré tout proche. Colin, courant près de moi, m'encourageait. J'éprouvai une sensation de vitesse et de liberté qui m'enchantait. Au bout d'une heure de ce manège, j'arrêtai la leçon : il était temps de partir. Nos compagnons de voyage se tenaient prêts dans la cour, leurs bagages à leurs pieds. Ils me regardèrent d'un air abasourdi quand j'arrivai à cheval, les jupes relevées et les joues rouges. Le marchand drapier me parut particulièrement choqué et tourna les talons, tandis que Béranger m'interpellait :

— Douceline, quelle est cette folie ? Vous risquez de vous rompre les os !

— Pas plus que sur la charrette où elle était assise hier, coupa dame Constance, et qui versera dans un fossé à la première occasion !

Béranger lui lança un regard hostile :

— Sauf votre respect, Madame, je trouve plus convenable de voyager assise sur un chariot qu'à cheval, les jupes ainsi levées.

Furieuse, je descendis du cheval et défroissai ma jupe de drap :

— Béranger, personne n'était là pour me voir et de toute façon, vous n'êtes pas chargé de veiller sur moi ! Cessons cette querelle et partons, il est temps.

Les jours suivants, à la première occasion, je me remis en selle, encouragée par dame Constance et Colin.

13

Juin 1368, entre Fayence et Les Baux-de-Provence

Nous avons passé dix jours à cheminer sur les sentiers poudreux. Parfois je montais à cheval, parfois je m'asseyais aux côtés d'Héloïse et nous bavardions. J'éprouvais du plaisir à vivre en plein air, à sentir mon corps et mes muscles se fortifier. Béranger, en revanche, avait décidé de rester assis sur la carriole qui transportait les peaux et les marchandises de son père.

Quelques incidents émaillèrent le voyage. Le deuxième jour, au détour d'un chemin caillouteux, de grosses pierres dévalèrent une colline et terminèrent leur course en brisant la roue d'un charriot. Aucun de nous ne fut blessé, mais cela nous coûta une journée, le temps pour Colin et Béranger d'aller trouver un charron au village le plus proche. Puis Héloïse tomba malade, victime d'un flux de ventre causé par l'eau glacée d'une source. J'avais heureusement dans mon sac des herbes pour la soigner, et quelques tisanes et emplâtres vinrent à bout de ses douleurs.

Nous dormions dans des auberges, ou demandions l'hospitalité dans un monastère. C'est ainsi que le 19 juin au soir, poussiéreux et fourbus après une journée de marche, nous sommes allés à l'abbaye du Thoronet pour y passer la nuit.

L'abbaye était nichée entre les collines, dans un lieu totalement isolé, à l'abri du monde. Le frère portier nous conduisit à l'hôtellerie, lieu d'accueil des voyageurs. J'appris à mon grand regret que nous ne pourrions pas assister aux offices, ni même entrer dans l'église :

— Seuls les frères peuvent y pénétrer, expliqua le portier. C'est la règle de notre saint père Benoît !

— Qui donc est ce Benoît ? murmura Colin entre ses dents quand le frère nous laissa.

— Colin, tu es décourageant ! C'est saint Benoît, le fondateur de la règle observée dans les monastères bénédictins et cisterciens...

— Je l'avais oublié, grommela mon frère, rouge de confusion. Je ne suis pas un puits de science comme toi, petite sœur. Je sors, je vais faire quelques pas !

Il allait sans doute retrouver les soldats, avec lesquels il passait le plus clair de son temps. Quant à moi, je regardais cette église fermée, avec juste deux petites portes pour laisser entrer les moines, et j'avais l'impression d'être exclue. Je demandai au portier si je pouvais visiter le jardin du couvent, où j'espérais trouver des plantes inconnues, mais même cela me fut refusé. J'étais furieuse et déçue. Je dus me contenter de faire le tour des bâtiments dont les lignes pures appelaient à la méditation.

Le soir, on nous servit un repas très simple dans le réfectoire de l'hôtellerie. Durant la soirée et la nuit, nous entendîmes, dans le silence parfait de ce lieu isolé, le chant des cloches qui appelaient les moines à la prière.

Le lendemain, nous avons repris la route. Notre prochaine étape était Saint-Maximin, un lieu de pèlerinage important pour tous les Provençaux car c'est là qu'est enterrée Marie-Madeleine. Cette sainte, qui a connu le

Christ, est venue de Palestine en bateau avec Marthe et Marie[1], jusqu'en Provence, où elle est morte. Ses reliques attirent des centaines de pèlerins, comme le clerc qui avait fait route avec nous. Pour lui, c'était la fin du voyage. Quant à nous, nous sommes restés à Saint-Maximin deux jours, le temps d'aller prier devant les restes de la sainte à la crypte, cachée dans la montagne, de refaire nos forces et d'acheter quelques provisions.

Nous avons poursuivi notre chemin sans encombre, jusqu'à ce jour fatidique du 28 juin. Nous approchions alors des Baux-de-Provence, un nid d'aigle perché sur un rocher dominant les Alpilles. Nos soldats se montraient nerveux et inquiets, car la région est connue pour être peu sûre. Soudain, alors que nous sortions d'un petit bois de chênes verts, des hommes surgirent des fourrés et nous encerclèrent dans un nuage de poussière, en criant et en brandissant des armes.

J'étais alors sur la jument que me prêtait dame Constance. Effrayée par les cris et l'aspect redoutable de nos assaillants, ma monture partit au galop. Je n'avais pas assez d'expérience pour la maîtriser, et je ne pus que m'accrocher tant bien que mal à ma selle. J'entendis les cris de Colin, et le martèlement des sabots d'un autre cheval qui s'approchait du mien. Son cavalier – que je ne pouvais voir – parlait à ma jument, s'efforçait de la calmer, mais en vain. Enfin, je réussis à rattraper les rênes que j'avais lâchées dans la tourmente, et à ralentir ma bête. Le sentier était assez large pour permettre au cavalier inconnu de me doubler ; il me coupa le passage, et ma

1. Dans la Bible, Marthe et Marie de Béthanie sont des disciples et amies de Jésus.

jument ne put que s'arrêter tout à fait. Essoufflée, tremblante, je regardai mon sauveur : c'était un homme très laid, au visage large et grossier, surmonté d'une tignasse de cheveux noirs qui sortaient de sa coiffe de cuir. Il semblait ne pas avoir de cou et ses épaules laissaient supposer une force impressionnante. Il s'écria :

— Alors, demoiselle, on veut nous fausser compagnie ?

Sans entendre mes protestations, il saisit la bride de mon cheval et me fit faire demi-tour, au trot, à ses côtés. Après quelques virages, j'aperçus notre petite troupe : l'un des hommes d'armes gisait à terre au bord du chemin, dans une flaque de sang. Je n'eus que le temps d'apercevoir mes compagnons, groupés autour de dame Constance, car Colin s'avançait vers nous en courant et en criant, l'épée à la main :

— Laisse ma sœur, misérable !

Les brigands éclatèrent de rire. L'homme qui m'accompagnait arrêta son cheval et mit pied à terre :

— Voyez-moi ce béjaune[1] ! Tu veux te battre ?

Colin le regarda sans rien dire. Les jambes écartées, le visage frémissant de fureur, il tenait sa lame levée, prêt à l'assaut. Il n'avait aucune chance face à cet homme redoutable. Heureusement, celui-ci resta impassible et dit à mon frère :

— Tu es courageux, mais aussi très sot. Pose cette épée et reste auprès de ta sœur, elle a grand besoin de protection et serait bien marrie si tu te faisais tuer. Quant à moi, je vais voir ce que contiennent ces chariots.

Ignorant complètement Colin, l'homme tourna les talons et s'approcha de notre pauvre convoi. Mon frère

---

1. Blanc-bec.

était furieux et s'apprêtait à le suivre, l'arme encore à la main, mais je lui attrapai le bras :

— Colin, es-tu fou ?! Ils sont plus de trente, et cet homme à lui seul ne ferait qu'une bouchée de nous tous !

L'inconnu se retourna et sourit. Il ne paraissait pas plus aimable ainsi, ses yeux ronds et globuleux ne semblaient jamais en paix.

— Bien dit, demoiselle ! Et toi, donne-moi cette épée, tu vas finir par blesser quelqu'un et je ne suis guère patient.

Colin la lui tendit de mauvaise grâce, et l'inconnu s'éloigna. Je me pressai contre mon frère et chuchotai :

— Colin, où sont nos hommes d'armes ?

Mon frère me montra du doigt deux corps sans vie étendus sur le bord du chemin :

— Ces deux-là ont tenté de nous défendre quand ces bandits ont attaqué, et se sont fait occire ; voyant cela, les autres se sont sauvés.

Je laissai couler mes larmes. Ces hommes n'avaient aucune chance face à une telle troupe…

Les brigands avaient déballé nos bagages. Comme ils étaient occupés à évaluer leur butin, je pus les observer à loisir : tous étaient armés, certains portaient une épée à la ceinture, d'autres un gourdin, d'autres une hache. Ils avaient des cottes de cuir épais pour se protéger, et des bassinets sur la tête. Ainsi équipés, ils formaient une troupe hétéroclite et effrayante. C'étaient les fameux routiers dont j'entendais parler depuis mon enfance et qui avaient hanté mes cauchemars. L'homme qui m'avait ramenée était apparemment leur chef :

— Venez voir, messire Bertrand ! Il y en a pour une fortune en peaux.

— Voyez, messire Bertrand, fit un bandit en ouvrant une malle, c'est du beau drap.

— Messire Bertrand ? murmura Colin, saisi.

Un des brigands l'avait entendu et nous interpella :

— Oui, notre chef est Bertrand Du Guesclin, lui-même ! C'est un grand honneur pour nous d'être conduits par un homme aussi célèbre et vaillant.

— Mais… je croyais qu'il avait pris la ville de Tarascon, bredouilla mon frère, abasourdi.

— La ville s'est rendue à Bertrand, comme elles le font toutes ! poursuivit le routier, très fier. Depuis lors, nous accompagnons messire Bertrand là où il lui plaît d'aller guerroyer.

Je me rappelai ce qu'avait dit mon père : Du Guesclin se battait en Provence pour le compte du duc d'Anjou, le frère du roi de France, qui espérait mettre la main sur le comté. Belle armée, en vérité, que cette troupe qui s'en prenait à d'honnêtes voyageurs sans défense comme nous. Ils étaient peu nombreux, mais ils ne constituaient qu'une avant-garde, les autres, à ce que je compris, étaient cachés dans les bois environnants.

Les routiers continuaient leur déballage, et je les vis avec effroi s'emparer de mon précieux coffret de senteurs. Ces brutes allaient tout casser ! Horrifiée, je courus vers eux en criant :

— Laissez cela, laissez donc, ce ne sont que des eaux de fleurs !

Un grand escogriffe saisit une fiole, la déboucha et la renifla en grimaçant :

— Je ne sens pourtant rien, et vous ?

Il se mit à faire le tour de ses affreux compagnons, mon parfum à la main, pour se moquer. Furieuse et mortifiée, j'essayai de récupérer mon bien que ce misérable tenait très haut, hors de ma portée.

— Vous allez le casser, rendez-le-moi ! Rendez-le, vous dis-je !

— Qu'est-ce que ceci ? tonna messire Bertrand.

Tous les rires cessèrent ; je me retournai. Bertrand Du Guesclin s'approcha du cercle de rieurs et me dévisagea avec curiosité :

— Décidément, vous ne restez jamais en paix, demoiselle !

— Vos hommes veulent me voler mes flacons, messire !

— Vos flacons ?

— Oui, je suis apothicairesse, et je me rends avec mes compagnons de voyage à la foire de Beaucaire pour y vendre mes potions et mes eaux de senteurs. Messire, de grâce, laissez-les moi, elles n'ont que peu de valeur pour vous et vos hommes, et…

— Ainsi vous êtes apothicairesse ? J'ai beaucoup de respect pour cet art, demoiselle. Il se trouve que mon épouse Tiphaine est une experte en simples.

— Votre épouse ?

Je n'imaginais pas cet homme marié ni menant une vie de famille, mais je m'efforçais de maîtriser ma surprise :

— S'il en est ainsi, messire, je serai heureuse de lui offrir une bouteille d'une eau de senteur de ma composition : je la nomme *L'Eau des anges.*

Ma voix tremblait en prononçant ces mots, c'était la première fois que je parlais de ma création à des inconnus, et je n'avais pas imaginé que ce serait en de telles circonstances. Je pris un flacon et le tendis à Du Guesclin :

— Grand merci, demoiselle, ma dame en sera heureuse. Holà, vous autres, laissez-lui le coffret, et prenez plutôt les peaux !

Telle une nuée de mouches importunes que l'on chasse de la main et qui vont se poser ailleurs, la troupe de routiers s'écarta de ma malle et se précipita sur les coffres des tanneurs. Mon bien était sauvé !

— Je vous remercie, messire Bertrand.

Bertrand Du Guesclin ne m'écoutait déjà plus, il s'éloignait à grandes enjambées.

14

Je serrai mon manteau autour de moi, subitement glacée, et m'empressai de rejoindre nos compagnons. Dame Constance me prit le bras, et me murmura à l'oreille :

— Vous avez eu du courage, Douceline, mais tâchons de ne plus nous faire remarquer, ces rustres sont dangereux et imprévisibles.

Je pensais à la façon dont Du Guesclin m'avait laissé mon bien :

— Messire Bertrand me semble être, à sa manière, un honnête homme.

— C'est vrai, assurément. Il est fidèle à son roi, d'une fidélité à toute épreuve, mais c'est un homme de guerre, mon enfant. Il obéit à des lois qui ne sont pas les nôtres.

— Il m'a laissé mes eaux de senteur…

Je lui contai le bref échange que j'avais eu avec le chef de guerre, et dame Constance hocha la tête :

— J'ai entendu parler de son épouse Tiphaine Raguenel. Il paraît que c'est une femme de grand savoir, qui lit l'avenir dans les astres. Elle lui aurait même prédit certaines de ses victoires ! Ils forment un couple étonnant, et ne doivent pas se voir souvent, étant donné l'existence mouvementée de messire Bertrand.

— Que vont-ils faire de nous ?

— Je l'ignore. Nous sommes un maigre gibier dont ils ne pourront tirer rançon. Sans doute nous laisseront-ils partir. Mais nous ne pouvons que l'espérer, nous sommes entre les mains de Dieu !

Dame Constance s'interrompit dans ces pieuses pensées et fronça les sourcils en désignant mon frère.

— Surveillez votre frère : je trouve qu'il serre ces gens d'un peu trop près !

Je me levai d'un bond.

— Où est-il ? Colin !

Mon frère quitta le soldat qu'il observait et nous rejoignit de mauvaise grâce.

Ce fut une étrange soirée, en vérité, que celle que nous passâmes avec les routiers de Bertrand Du Guesclin. Ils avaient installé leur campement dans une clairière isolée. Blottie autour du feu, notre petite troupe de prisonniers n'en menait pas large. Les deux tanneurs et le marchand faisaient grise mine, mais s'estimaient heureux d'être encore en vie. Les routiers les avaient dépouillés de leur argent, de leurs marchandises et de leurs bijoux. Béranger et son commis, effrayés, se faisaient aussi discrets que possible. Quant à Colin, il était assis auprès de moi, perdu dans ses pensées, ce qui ne lui ressemblait guère.

À quelques pas de nous, les hommes de Du Guesclin mangeaient, buvaient et parlaient de leurs exploits. Je les entendais rire et parler fort, je sentais l'odeur de la viande grillée. Ils avaient posté des sentinelles aux abords du chemin et deux d'entre eux étaient chargés de nous surveiller.

Nous avons partagé nos maigres provisions avec dame Constance et Héloïse ; la jeune femme était terrifiée et ne pouvait s'empêcher de trembler. Je m'enquis :

— Vous ont-ils tout volé, Madame ?

— Ils ont pris ma bourse et il n'y avait rien dans mes malles qui puisse les intéresser. Et vous, Douceline, vous avez sauvé votre bien le plus précieux, vos senteurs…

— Mais ils ont pris tout l'argent que nous avions, Colin et moi. J'espère que je réussirai à vendre quelques flacons à la foire, sinon…

Ma voix soudain s'étrangla. Je pris conscience que nous n'avions pas de quoi subsister pendant notre séjour à Beaucaire, et rien pour payer notre voyage de retour. Dame Constance me tapota la main :

— Allons, un peu de courage ! Vous n'êtes pas seuls, je me charge de vous loger avec moi à Beaucaire, et je m'occuperai de votre retour à Grasse.

— Comment vous remercier, Madame, vous êtes décidément ma providence !

— Il est bien naturel de s'entraider, entre chrétiens. Nous devrions essayer de dormir, maintenant. La journée de demain va être fatigante.

Colin était resté silencieux pendant tout cet échange. Visiblement, la perte de notre argent ne l'affectait guère.

Je me roulai dans mon manteau de laine qui puait le cheval. Le sol était dur et je n'avais jamais dormi à la belle étoile. Je m'installai du mieux que je pus, serrant contre mon visage le petit pomander d'argent que m'avait donné mon père, comme un talisman parfumé pour me protéger de la brutalité du monde. Épuisée par les événements de la journée, je sombrai aussitôt dans le sommeil.

Je m'éveillai au petit matin. Les routiers avaient déjà levé leur camp, sellé leurs montures et se préparaient à partir. Béranger s'approcha de moi :

— Que vont-ils faire de nous ? Nous emmener avec eux ?

Il était gris de peur. Je ne lui répondis pas, je cherchais mon frère. Je le vis se diriger vers Bertrand Du Guesclin, occupé à harnacher sa monture. Pressentant ce qu'il allait dire, je courus vers lui au moment où il abordait le guerrier, et je l'entendis :

— Messire Bertrand, vous partez ?

Du Guesclin ne répondit rien, et Colin ajouta :

— Je veux venir avec vous !

Je gémis :

— Non, Colin…

— Venir avec moi ? coupa du Guesclin. Crois-tu que je m'encombre de bourgeois quand je pars à la guerre ?

— Je ne suis pas un bourgeois ! Je déteste la ville et le négoce ! J'ai toujours voulu partir à l'aventure et guerroyer, et j'ai même une épée… que vous m'avez prise, messire.

Du Guesclin se retourna d'un coup vers mon frère et le dévisagea avec un souverain mépris :

— Et ta sœur, qu'en fais-tu ? C'est une vaillante demoiselle, et ton devoir est d'abord de la protéger !

Tous deux me regardèrent en silence. J'étais incapable de bouger un cil, et terrifiée par ce qu'allait faire mon frère. Colin hésita…

— Colin, tu ne vas pas faire ça ? Pense à notre père !

J'avais dit ce qu'il ne fallait pas, et mon frère éclata :

— Douceline, je respecte mon père, mais je ne peux choisir une vie que j'exècre juste pour lui faire plaisir ! Ou je deviendrai fou…

Du Guesclin parut touché par ses paroles. J'apprendrais plus tard qu'il s'était violemment opposé à ses parents, en sa jeunesse. Son père le trouvait trop laid et grossier pour faire un chevalier, et il avait dû faire ses preuves tout seul. Il posa sa grosse main sur l'épaule de mon frère :

— Colin – c'est ton nom, n'est-ce pas –, je veux bien te donner une chance. Je te rends ton épée, elle te servira pour escorter ta sœur et vos compagnons jusqu'à Beaucaire. Quand ils seront en sécurité, rejoins-nous, et je verrai de quoi tu es capable.

Colin était transporté. Ses yeux brillaient comme des étoiles.

— Vous rejoindre ? Mais où, messire ?

— Si Dieu le veut, je ne serai pas loin. Si tu es habile, tu sauras me trouver. Et si tu ne l'es pas, qu'aurais-je à faire de toi ?

Du Guesclin éclata de rire et monta sur son cheval.

Les routiers étaient partis, et nous étions sauvés, mais la fin du voyage se passa dans la morosité. Les deux tanneurs et le marchand de drap, qui avaient été cruellement dépouillés, ruminaient leurs pertes. Béranger semblait incapable de se ressaisir et demeurait comme hébété. De mon côté, je n'étais pas plus gaie. Je savais au fond de moi que Colin allait nous quitter, et ne pouvais m'y résoudre. Ce n'était pas pour moi que je m'inquiétais, je prenais goût à l'aventure, et j'avais la compagnie de Constance, qui me devenait chaque jour plus chère. Mais je savais que ce coup allait briser mon père, déjà si éprouvé par la mort de ma mère. Je tentais donc l'impossible : je parlais à Colin pour essayer de le faire changer d'avis, et avec tout autant de détermination et de chagrin, mon frère me disait son amour pour les armes et sa détestation de l'état de marchand. Nous sortions tous deux de ces longues conversations épuisés et meurtris, chacun campant sur ses positions, sans toutefois en vouloir à l'autre.

Nous n'avions plus grand-chose à manger, et rien pour payer l'auberge. Pendant les deux jours qui suivirent, nous avons dû demander l'hospitalité dans des couvents. Après ce pénible voyage, je fus bien aise d'arriver enfin devant la ville de Beaucaire. C'était une grande et belle cité, bâtie tout au bord du Rhône, et dont la particularité était de faire face à Tarascon, cette ville de Provence récemment assaillie par Du Guesclin et ses routiers. Les deux cités jumelles se toisaient de part et d'autre du fleuve, l'une française et l'autre provençale, avec chacune leur château.

Dans quel triste état était celui de Tarascon après l'assaut donné par Du Guesclin, je vous laisse l'imaginer. Ses murs étaient à demi écroulés. Des ouvriers s'affairaient à dégager des gravats et à réparer les brèches faites par les engins de guerre. Cependant, le donjon, où flottait l'étendard du duc, était intact.

Nous avons demandé à entrer dans le bourg, qu'il fallait traverser pour se rendre à Beaucaire. Les hommes qui en gardaient la porte se montrèrent d'une méfiance extrême envers notre petite troupe, pourtant bien pitoyable. Le duc d'Anjou, après la prise de la ville par Du Guesclin, l'avait confiée au seigneur de la Voulte. Je ne sais comment ce seigneur administrait la cité, qui me parut dans un terrible état de désolation. Les échoppes fermées, les maisons aux volets clos et le silence des rares passants que nous avons croisés témoignaient des violences subies.

Sitôt passé le pont de bois qui reliait les deux villes, Beaucaire offrait un spectacle aussi différent que possible. La foire avait attiré des centaines de personnes, qui se pressaient dans les rues. Des marchands ambulants vendaient des gaufres, des oublies, des rubans, des jongleurs se donnaient en spectacle. On causait, on riait, et cette liesse me fit presque oublier nos déboires. La ville était magnifique et les maisons, faites d'une belle pierre blanche et décorées de sculptures, semblaient étinceler sous le soleil de juillet. Ce jour-là, la foule et la fatigue m'empêchèrent de l'admirer, mais je sentis l'odeur du vin chaud, des beignets, des épices, j'entendis la musique et les rires.

Dame Constance nous avait invités à loger chez des siens cousins qui l'hébergeaient dans une superbe maison de ville toute neuve, près du champ de foire. Cette demeure nous fut un havre de paix : sitôt passé la porte, le bruit et l'agitation de la rue laissaient place au calme et à la fraîcheur d'une cour. On nous conduisit à une petite chambre qui nous parut, après toutes ces péripéties, une merveille de confort. J'installai près de mon lit mon coffret de senteurs arraché aux routiers. Après une toilette sommaire pour me décrasser de la poussière des chemins, je me couchai sur mon lit et sombrai dans un profond sommeil.

15

Beaucaire, 21 juillet 1368

Je m'éveillai après une nuit longue et agitée, peuplée de cauchemars dans lesquels des routiers à tête de diable enlevaient ma mère et dame Constance pour en demander rançon. J'ouvris les yeux et, l'espace d'un instant, je me demandai quelle était cette pièce aux tomettes brunes et aux volets clos qui ne ressemblait pas à une chambre d'auberge, puis je me souvins. Nous étions à Beaucaire, le 21 juillet, veille de la fête de sainte Marie-Madeleine. La foire commençait ce soir même, quand la grosse cloche sonnerait l'heure des vêpres[1]. Et je n'avais pas un sou.

Je dis rapidement mes prières, et décidai de faire une toilette soignée. Une servante avait apporté une cruche d'eau, un baquet, un savon et une serviette. Je me lavai longuement, je démêlai et tressai mes longs cheveux. Puis, je me parfumai, j'enfilai une chemise propre et ma plus belle robe, pour tâcher de faire bonne figure auprès de la maîtresse de maison. Je me regardai dans un petit miroir d'étain : le soleil avait fait ressortir mes taches de rousseur, mais j'avais bonne mine, et n'étais pas trop mal coiffée.

1. Office du soir.

J'étais nerveuse, ma situation n'était guère enviable. J'avais accompli ce long et périlleux voyage pour me retrouver sans un denier[1] dans l'impossibilité d'acheter les précieux ingrédients nécessaires à mon père. Je n'avais qu'un seul recours, tâcher de vendre de mon mieux mes compositions, et surtout mes flacons d'*Eau des anges*.

— Vous êtes prête ? demanda Constance en entrant brusquement dans ma chambre. Venez, je vais vous présenter à ma cousine.

Elle me conduisit jusqu'à la salle de réception. Dame Gensane, la maîtresse des lieux, était assise dans un fauteuil à haut dossier, un petit chien blotti contre ses jambes. La dame avait passé la première jeunesse, mais elle était encore très belle. Sa robe élégante, son front ceint d'un bandeau de soie vert, du plus bel effet sur ses cheveux noirs, révélaient le soin qu'elle portait à sa mise. Quand je m'approchai pour la saluer, je m'aperçus qu'elle portait un parfum au santal.

Elle se leva à l'arrivée de Constance, mais à peine ce qu'il fallait, étant noble dame alors que Constance n'était que bourgeoise.

— Bonjour, ma cousine, fit la dame, j'espère que vous êtes remise de toutes vos émotions.

— Je suis parfaitement reposée, et vous remercie pour votre hospitalité. Voici Douceline Augier, cette jeune demoiselle intrépide qui a voyagé à mes côtés, et qui a osé affronter Du Guesclin lui-même.

Je m'attendais si peu à cela que j'en restai sans voix, tandis que dame Gensane, sa curiosité en éveil,

1. Au XIVe siècle, on utilisait plusieurs variétés de pièces. Les plus courantes étaient le denier, le liard (qui valait 3 deniers), le sol (qui valait 4 liards), le franc (qui valait 20 sols).

me pressait de questions. Je contai à ma manière ma rencontre avec Bertrand Du Guesclin. Quand la dame comprit que j'étais fille d'apothicaire et que j'avais apporté à Beaucaire des eaux de senteur de ma composition, ses yeux se mirent à briller de convoitise. Elle me demanda de les lui présenter. J'allai chercher mon précieux coffret. Je disposais de ma meilleure eau de rose, et mon *Eau des anges*, dont je lui tendis un flacon. Gensane parut étonnée par la fragrance et me posa mille questions sur la façon dont j'avais obtenu cette eau. Emportée par ma passion, je commençai à lui expliquer ma découverte de l'eau ardente, mes essais de distillation, mes recherches… Dame Gensane m'écoutait avec intérêt, enthousiaste, et résolut de me présenter à son apothicaire qu'elle envoya chercher sur l'heure. En l'attendant, elle nous fit servir une collation. Sur un signe de sa main, deux serviteurs dressèrent une table et une jeune femme nous porta des fruits, des gâteaux et du vin doux.

L'apothicaire fut bientôt là. Il s'appelait Jean Sicard, avait l'âge de mon père, et semblait être un habitué des lieux. Il me regarda d'un œil soupçonneux quand dame Gensane lui parla de mes compositions et l'invita à les découvrir. Il huma une goutte de *L'Eau des anges*, se montra d'abord sceptique, puis surpris, et il se tourna vivement vers moi :

— Qui a réalisé cette eau de romarin, demoiselle ?

— Moi, monsieur.

— C'est remarquable, tout à fait intéressant, admit-il en me lorgnant d'un air étonné.

Dame Gensane m'acheta cinq flacons de *L'Eau des anges*, en insistant pour que je lui en fournisse d'autres dès qu'elle aurait terminé ceux-ci. Elle se chargerait de les faire rapporter à Beaucaire par un marchand de ses amis qui se rendait parfois dans ma région. C'était ma première commande, et j'en fus très fière. La dame souhaita aussi que je lui confectionne des oiselets de Chypre qu'elle voulait offrir à des amies. Je n'en avais pas emporté. Ils étaient trop fragiles pour supporter le voyage, et leur pâte aurait fondu. Gensane persuada donc maître Sicard de me laisser travailler chez lui, en son apothicairerie, dès que la foire serait terminée. Elle réglerait toutes les dépenses de musc et autres fournitures. De plus, elle pria l'apothicaire de me laisser une place à ses côtés dans la tente qu'il avait louée pour la foire. Maître Sicard accepta avec enthousiasme ; après son départ, dame Constance me prit à part :

— C'est un beau succès, Douceline, mais veillez à ne pas trop parler à ce bonhomme. Il pourrait tenter de copier vos créations.

Constance avait raison, je devais apprendre à être prudente.

J'étais si heureuse de ce premier succès que je me dépêchai d'aller rejoindre Colin. À ma grande surprise, je le trouvai près des écuries, en compagnie d'Héloïse. La jeune fille rougit en me voyant et se sauva.

— Héloïse apprécie ta compagnie ? Je l'ignorais.

— Elle est plutôt mignonne, mais elle a peur de tout, lâcha mon frère. Elle ne pense qu'à rentrer à Grasse !

Je lui racontai mes succès, et il me félicita du bout des lèvres :

— Je suis heureux que cette dame aime ton *Eau des anges*, mais où cela nous mènera-t-il ? Elle ne va pas acheter tous tes flacons, et nous n'avons pas un liard !

— Mais nous devons faire quelque chose, Colin ! J'espère pouvoir vendre mes produits à la foire, nous avons tant besoin d'argent…

— J'en suis fort conscient, murmura mon frère sans me regarder – et je savais qu'il pensait à la bourse que l'on nous avait volée, mais aussi à la somme énorme qu'il lui faudrait trouver s'il voulait acheter un cheval pour rejoindre Du Guesclin. Et je m'y emploie, petite sœur, tu peux me croire !

— Que veux-tu dire ?

Colin me fit face :

— Je ne compte pas rester ici à vivre aux crochets des cousins de Constance ! Je suis en âge de gagner ma vie, Douceline. Je suis allé en ville ce matin et j'ai vu les préparatifs de la foire. Il y a des marchands partout, qui sont venus à pied, à cheval, en bateau. Et ceux-ci ayant grand besoin de bras pour les aider à décharger leur marchandise, j'ai déjà trouvé du travail. Si je ne chôme pas, en quelques semaines je pourrai gagner une partie de ce que nous avait donné notre père.

— Colin, je suis sûre que notre père ne voudrait pas…

— Douceline, ma décision est prise, de toute manière, puis cela te permettra de payer ton voyage de retour.

— Parce que toi, tu ne reviendras pas, n'est-ce pas ?

— Tu le sais bien. Mais comment diable vais-je me procurer un cheval ? Je ne vais tout de même pas le voler…

— Colin, promets-moi que tu ne commettras jamais pareille folie ! Je vais tâcher de vendre mes eaux de senteur et si Dieu le veut, je pourrai t'aider.

Mon frère me prit soudain dans ses bras, et je sentis ses larmes couler dans mon cou tandis qu'il chuchotait :

— Je t'aime de tout mon cœur, ma petite sœur, tu le sais ?

— Je le sais…

À la nuit tombée, nous avons quitté la demeure de Gensane, munis de torches et de lampions, pour assister aux festivités qui marquaient le début de la foire. La ville grouillait de monde et l'ambiance était à la fête. Les gens se pressaient dans les rues au son des trompettes et des tambours. Colin avait oublié tous ses soucis et me tenait par le bras, s'extasiant sur tout ce qu'il voyait. Au milieu de la foule en liesse, les consuls de la ville paradaient à cheval, superbement vêtus de rouge et suivis par la noblesse en armes. L'époux de dame Gensane faisait partie de la troupe. Sur le champ de foire, au bord du fleuve, je vis les tentes des marchands éclairées par les flambeaux dont la lueur se reflétait dans les eaux noires du Rhône. J'admirai le spectacle quand soudain je vis passer, près d'un bateau, un jeune homme dont la silhouette me rappela Angelo. J'en eus la gorge serrée, et la tristesse, tout à coup, me submergea. Le beau Génois était parti depuis si longtemps qu'il avait sans doute oublié mon existence, et j'avais si peu de chances de le revoir qu'il aurait mieux valu, pour la paix de mon âme, cesser de penser à lui. Mais cela, j'en étais incapable.

16

Beaucaire, le 22 juillet 1368

Qui n'a jamais vu la foire de Beaucaire ne peut imaginer la folie d'une ville en proie à la fièvre du commerce. J'étais sortie de bon matin avec Colin, dame Constance et Héloïse ; Colin portait mon coffre d'eaux de fleurs. Il nous aida à fendre la foule pour nous frayer un chemin jusqu'au champ de foire, où je devais rejoindre maître Sicard. Les marchands avaient investi toute la place possible, et c'est à peine si l'on pouvait marcher. On butait sur des étals au moindre coin de rue, et ceux qui n'avaient pu trouver d'emplacement à leur goût vendaient à la sauvette. Gensane nous avait appris que, les auberges étant pleines, certains bourgeois n'avaient pas hésité à louer leurs caves et leurs greniers aux voyageurs venus pour la foire. Il y avait des gens partout, des Français, des Provençaux, des étrangers à l'aspect exotique et aux vêtements chamarrés. Nous devions prendre garde à ne pas nous faire voler ou bousculer, éviter de marcher sur des ordures ou heurter un des chiens qui se glissaient entre les jambes des badauds, à la recherche d'un morceau de gaufre ou de galette. Il flottait dans l'air une odeur de friture, de sueur et d'épices. Héloïse, ravie, se pressait contre moi. Soudain elle montra du doigt un homme à peau brune, vêtu d'une longue robe et coiffé d'un turban :

— Demoiselle, regardez cet homme étrange !

— C'est un Maure[1], petite sotte, répliqua Constance. Cesse de le dévisager ainsi !

Je dévorais l'homme des yeux, curieuse que j'étais de voir enfin un représentant des peuples qui avaient inventé l'alambic et tant d'autres merveilles. Héloïse marmonna :

— C'est tout de même un infidèle, Madame !

Le champ de foire était couvert par des dizaines de tentes et de cabanes proposant les produits les plus divers et les plus étonnants : étoffes de Flandre, épices d'Orient, pièces d'orfèvrerie, peaux et fourrures, armes de toutes sortes, vins et liqueurs... Elles étaient regroupées par spécialité. Je passai devant les marchands d'armes, délaissai les boutiques de tissu et me dirigeai vers l'endroit qui m'intéressait le plus, le quartier des épiciers et des apothicaires. Je m'arrêtai devant un étal d'épices. Le marchand, pour attirer l'œil, avait rempli de petites coupelles de terre de chaque variété. Du rouge vif du safran au noir du poivre, en passant par le jaune de la moutarde et du cumin, c'était une splendeur. Et les odeurs étaient d'une richesse extraordinaire.

— Mais que vois-je ici, du safran d'Espagne ! Et de la cannelle, du poivre, de la cardamome...

Le marchand m'interpella et me tendit une coupelle de poivre gris mais je battis en retraite, me souvenant que je n'avais rien pour le payer. J'étais furieuse de ne rien pouvoir acheter. Serrant les poings, je me pris à maudire

1. Musulman.

Du Guesclin et ses hommes qui nous avaient dépouillés de nos biens.

Je passai devant l'étal d'un apothicaire, et m'aperçus qu'il vendait de la thériaque, un puissant contrepoison à base de chair de vipère dont mon père n'avait jamais pu se procurer la recette. Je discutai quelques instants avec le vendeur qui était Montpelliérain et connaissait maître Guilhem, le savant qui m'avait appris à distiller de l'eau ardente.

Cependant, je ne pouvais m'attarder à admirer toutes ces merveilles, il y aurait fallu la journée et j'étais impatiente de voir quel accueil on ferait à mes eaux de fleurs.

La tente de maître Sicard était petite. Je disposai de mon mieux mes savons et mes flacons à côté des produits proposés par l'apothicaire. Celui-ci parut ravi de me voir et commença à bavarder. Il avait déjà parcouru le champ de foire, acheté du safran de première qualité, et me montra des grains d'oliban d'une rare pureté.

— Je les ai achetés un bon prix à un Maure, fit-il. Si cela vous intéresse, je vous montrerai où il tient boutique.

J'eus à peine le temps de le remercier que deux belles dames s'arrêtèrent devant mon étal et me demandèrent si j'étais bien « la demoiselle de Grasse qui avait fourni un merveilleux parfum à cette chère Gensane ». Je vis dans leur regard la même lueur de convoitise que celle que j'avais décelée la veille chez dame Gensane. Je ne me trompai pas: après avoir humé mon *Eau des anges*, elles s'exclamèrent qu'elles n'avaient jamais rien senti d'aussi délicieux et m'achetèrent chacune un flacon. Peu de temps après, je reçus la visite d'un intendant qui venait se renseigner pour le compte de sa riche maîtresse, celle-ci ayant entendu dire qu'une jeune apothicairesse vendait des eaux de senteur étonnantes. Les bourgeoises et les nobles dames de Beaucaire avaient entendu parler de mes senteurs et se montraient fort impatientes de les essayer. À la fin de la journée, j'avais vendu presque tous mes flacons de *L'Eau des anges*, c'était un vrai miracle !

J'avais retrouvé ma gaieté et l'avenir me paraissait déjà moins sombre. Avant la fin du deuxième jour, j'avais tout vendu, jusqu'à ma dernière bouteille d'eau de rose. Je me trouvai rapidement désoccupée et grâce à mes gains, je pus acheter la cannelle, l'encens et le musc qui manquaient à mon père. Maître Sicard, qui avait supporté de bonne grâce mon succès, se montra soulagé quand je quittai sa tente avec force remerciements.

Quand j'eus tout vendu, je me rendis dans son apothicairerie pour y confectionner les oiselets de Chypre promis à dame Gensane. L'officine était belle, spacieuse et très bien achalandée. L'apothicaire me donna les matières nécessaires à la confection de la pâte et commença à élaborer une pommade tout en m'épiant discrètement. Dès que je vis les ingrédients qu'il m'avait procurés, j'oubliai sa présence et me mis au travail. Les produits étaient d'excellente qualité et je m'aperçus en débouchant pots et flacons, en humant leurs fragrances familières, à quel point mon travail m'avait manqué. Je me concentrai sur ma préparation et commençai à râper de la racine d'iris. À la fin de l'après-midi, j'avais terminé la pâte qui allait me servir à modeler les oiselets, quand on me fit appeler : quelqu'un m'attendait dans la boutique. Je m'essuyai les mains et sortis, curieuse : c'était Béranger ! Il me parut si misérable et égaré que je lui pris le bras et lui proposai de faire quelques pas dans la rue, hors de portée des oreilles indiscrètes. Il m'expliqua tout d'abord, de manière confuse, qu'il avait eu grand mal à me retrouver, ne sachant où je logeais. C'est grâce à Colin, aperçu par hasard sur le bord du Rhône en train de décharger une nef marchande, qu'il avait su que je travaillais chez maître Sicard. Je le coupai :

— Vous me cherchiez donc ? En quoi puis-je vous être utile ?

— Vous savez que les bandits m'ont tout pris, Douceline – les belles peaux que mon père m'avait confiées, l'argent avec lequel je devais subvenir à mes besoins à Beaucaire…

— Oui, comme nous tous.

— Je ne sais ce que je vais devenir ! Je suis logé chez un marchand, un ami de mon père, mais quand il a appris mes mésaventures, il est devenu froid et distant. Il me nourrit chichement et me demande sans cesse quand je compte regagner Grasse, car visiblement je le gêne. Il ne me garde à ses côtés que par égard pour ma famille. Quand pensez-vous rentrer, Douceline ?

Je le dévisageai, stupéfaite :

— Mais… nous venons tout juste d'arriver, Béranger ! Pour ma part, j'ai l'intention de rester jusqu'à ce que j'aie gagné par mon travail et la vente de mes produits de quoi regarnir, au moins en partie, la bourse que les routiers nous ont prise.

Béranger fronça les sourcils, contrarié :

— J'admire votre vaillance, demoiselle, mais pour ma part je souhaite partir aussi tôt que je le pourrai, n'étant ici d'aucune utilité. Je n'ai pas l'intention de travailler de mes mains, comme Colin ! Ne pourriez-vous raisonner votre frère ? Mon père serait fort fâché de savoir qu'un de ses futurs commis s'abaisse à une telle tâche…

Je ne pus en supporter davantage :

— Colin a grand mérite à gagner ainsi son pain, et si vous en faisiez autant, Béranger, vous ne me feriez pas perdre mon temps ! Au revoir !

Je regagnai l'apothicairerie, furieuse et pressée de retourner à mon travail.

Maître Sicard se montrait très aimable et abandonnait peu à peu la prudente réserve qu'il avait affichée à mon égard. Il me fit sentir le musc précieux qu'il cachait dans ses placards, et l'ambre qu'il venait d'acheter à la foire, à un Maure venu d'Arabie. Il me demandait conseil sur tout ce qui touchait aux préparations odorantes. Comme il possédait de la cire d'abeille de très bonne qualité, je lui proposai de fabriquer pour son compte des bougies parfumées, ce qu'il accepta avec empressement. Mais, comme me l'avait conseillé Constance, malgré les questions qu'il me posa, je ne lui parlai plus de mes expériences avec l'eau ardente et le romarin, de peur qu'il ne cherche à reproduire *L'Eau des anges*.

Colin, de son côté, s'épuisait à la tâche. Il venait me voir, parfois, quand il avait fini sa journée de travail. Il se désespérait de gagner si peu.

— J'ai beau me lever avec le soleil et travailler jusqu'à ce que mes jambes ne me portent plus, je ne toucherai jamais que quelques sols par jour, se lamentait-il.

— Colin, cela importe peu, puisque j'ai vendu toutes mes eaux de fleurs ! Maître Sicard me fait maintenant travailler comme commis dans son apothicairerie, et j'aurai bientôt de quoi rentrer chez nous.

— Sais-tu que j'ai déchargé ce jour d'hui un bateau venant du Levant ? coupa mon frère, pour éviter l'épineux sujet de notre retour à Grasse.

— Que transportait-il ?

— Des épices, sans doute, car les ballots à décharger n'étaient pas gros, et moins lourds que les coffres remplis d'étoffes ou de peaux.

— Pauvre Colin !

Mon frère me dit que les hommes de l'équipage avaient la peau jaune et les yeux en amande. Il me raconta encore mille merveilles que seule la foire pouvait nous montrer, puis il m'annonça :

— Les gars du port m'ont dit qu'on allait organiser des joutes, et qu'elles seraient richement dotées. Je crois que je vais m'y inscrire…

— C'est un jeu ? Est-ce dangereux ?

Colin éclata de rire :

— Pas le moins du monde, petite sœur ! C'est une sorte de combat de barques, où l'on doit tâcher de jeter à l'eau son adversaire d'un coup de lance. Ma foi, je n'ai pas grand-chose à perdre, et tout à gagner. J'en serai !

Ce jour-là, je venais de quitter la demeure de dame Gensane pour rejoindre l'apothicairerie quand j'aperçus à nouveau dans la foule l'inconnu qui m'avait tant troublée. Son allure, ses cheveux bouclés, son pas vif me rappelaient Angelo. Je le suivis, attirée par cette délicieuse et cruelle ressemblance qui ravivait ma douleur enfouie. Le jeune homme se dirigeait vers le champ de foire quand un homme le rejoignit, lui posa familièrement la main sur le bras et se mit à lui adresser quelques mots en italien. Je crus que j'allais défaillir : se pouvait-il que ce fût vraiment lui ? Je m'approchai. À cet instant, le jeune homme se retourna et je vis son profil. Bouleversée, je criai :

— Angelo !

Il se retourna, surpris, et ses yeux croisèrent les miens. J'étais pétrifiée, ivre de bonheur, incapable de bouger ou d'articuler un mot. Angelo s'avança vers moi :

— Demoiselle Douceline, est-ce vous ? Quelle surprise !

Il dit quelques mots à son compagnon, sans doute pour s'excuser de le quitter, et me prit les mains tandis que celui-ci s'éloignait :

— Je ne vous savais pas à Beaucaire ! Mais comme vous avez changé, Douceline, c'est incroyable ! Cela fait combien de temps que je suis parti de Grasse ? Un an ?

— Presque un an et demi, précisai-je avant de me mordre les lèvres et me sentir rougir.

— Oui. Vous avez grandi, et… vous êtes, comment dire ? *Embellita*…

Je ris, émue de retrouver son accent italien que j'aimais tant :

— Embellie ?

— Oui ! Vous avez quel âge, maintenant ? Seize ans ?

— Quinze… Mais vous, Angelo, expliquez-moi par quel miracle je vous retrouve ici !

— Cela n'a rien d'un miracle, presque chaque année, mon père affrète une coque[1] pour vendre ses produits à Beaucaire. Cette fois, il m'a permis de me joindre à ses commis pour apprendre le métier. Nous devons acheter au meilleur prix du blé pour le revendre à Gênes.

Je m'émerveillai :

1. Bateau de commerce utilisé au Moyen Âge.

— Une coque ? Vous êtes donc venu par la mer ?

— Oui ! Pour nous, Génois, c'est une habitude de voyager sur l'eau, et c'est plus sûr et assurément plus rapide qu'un voyage par voie de terre !

Angelo me conta mille choses à propos de son bateau, que j'écoutai à peine, tant j'étais saisie et ravie de le revoir. Je le trouvai encore plus aimable que dans mon souvenir. Il avait des mains magnifiques, longues et fines, qu'il agitait sans y prendre garde quand il parlait. Ses yeux noirs me faisaient fondre, et son sourire m'enchantait. Je redécouvris aussi son odeur, qui tenait du cuir, de l'eau de mer et de l'ambre, et ne devait rien à l'art d'un apothicaire.

— Et vous, Douceline ? Dites-moi ce que vous faites ici ! Colin est-il avec vous ? Et votre père ? Et Béranger Clémentis ?

Je lui contai nos aventures sans toutefois m'étendre sur les projets de Colin. Il se montra furieux et bouleversé quand il apprit que nous avions été attaqués et dévalisés par les routiers. Il se proposa de nous prêter de l'argent, de nous présenter à des banquiers, bref, il fit tout de ce qu'il put pour me montrer à quel point il compatissait à notre infortune. Enfin, il me pria de l'accompagner jusqu'aux quais du Rhône pour y retrouver mon frère.

Colin était en train de décharger une grande barque emplie de ballots de laine. Quand il aperçut Angelo, il laissa choir son paquet et lui tomba dans les bras. J'étais au comble du bonheur que nous soyons tous les trois réunis ; il me semblait que la Providence avait enfin décidé de nous être favorable.

17

Je passai trois jours merveilleux. Angelo venait me chercher à l'apothicairerie après mon travail. Il m'accompagnait alors chez dame Gensane, ou me conduisait jusqu'aux quais pour y rejoindre Colin. Ces deux-là avaient très vite retrouvé leur complicité d'autrefois et cette amitié, qui venait à point nommé pour distraire mon frère de ses pensées moroses, me ravissait. Nous marchions bras dessus, bras dessous, parlant de tout et de rien, profitant de la liberté que nous offrait l'animation de la foire. Angelo me parlait de sa cité de Gênes, de ses rêves de voyage. Je lui disais mon amour pour les senteurs et ma passion pour mon travail.

Cependant, la foire touchait à sa fin. Les joutes auxquelles devait participer Colin se tiendraient le dernier jour. Le moment venu, nous sommes tous allés le soutenir, hormis Béranger, qui fuyait la compagnie de mon frère depuis qu'il avait appris qu'il travaillait de ses mains.

Nous nous sommes mêlés à la foule qui se pressait sur les rives du Rhône. Les deux bateaux préparés pour les joutes étaient à quai. C'étaient de grandes barques décorées de fleurs et de rubans, l'une bleue, l'autre rouge, dans lesquelles étaient installés des rameurs, des musiciens et les garçons volontaires pour jouter.

— Regardez, me fit Angelo, Colin est là ! Dans la barque bleue !

Une trompette sonna et les rameurs se mirent à l'ouvrage. La proue de chaque navire se prolongeait par une sorte d'échelle sur laquelle le jouteur prenait place, debout, une longue pique de bois dans la main droite, et un bouclier dans la gauche. Les barques se faisaient face, à présent. Il y eut un silence, puis à nouveau le son d'une trompette. Les rameurs accélérèrent la cadence, les bateaux prirent de la vitesse, se rapprochant de plus en plus vite… Je m'écriai :

— Elles vont se heurter !

Mais au dernier moment, par une manœuvre habile, elles se croisèrent en se frôlant presque, et les deux champions s'entrechoquèrent de leur lance comme des chevaliers en tournoi. Ce qui devait arriver arriva : le moins adroit, heurté à l'épaule par la pique de son adversaire, tomba à l'eau, au grand plaisir du public. La foule applaudit le vainqueur, resté ferme sur ses jambes. Il brandit son bouclier d'un air triomphant, tandis que le vaincu, éliminé, s'efforçait de regagner la rive à la nage. Déjà, les deux barques faisaient demi-tour, pour préparer le prochain assaut. C'était fort drôle et divertissant. Enfin ce fut le tour de Colin. Angelo, devinant mon inquiétude, me prit la main. Mon frère devait combattre un solide gaillard qui avait déjà envoyé à l'eau deux adversaires. Les barques filaient de plus en plus vite, elles se rapprochaient… Je serrai la main d'Angelo et fixai mon frère, debout sur son échelle :

— Vas-y Colin, vas-y ! Oui, bravo, tu l'as touché, il va tomber, il tombe ! Angelo, il a gagné, Colin a gagné !

Mon frère poussa un cri de triomphe en voyant son adversaire plonger dans le Rhône, tandis que les équipiers de la barque rouge grondaient de dépit. Cependant, tout n'était pas fini. Il restait encore plusieurs jouteurs et ils devaient se battre afin qu'il n'en reste plus que deux, un dans chaque barque, pour l'assaut final. À deux reprises Colin retourna au combat, et chaque fois il vainquit. Il ne restait à présent que lui et un robuste garçon qui prit place dans la barque rouge, sous les cris d'encouragement.

— Colin va gagner, s'écria Angelo en lâchant ma main, à mon grand déplaisir. Vas-y Colin !

Les deux barques filèrent l'une vers l'autre et mon frère toucha son adversaire le premier. Le garçon, déséquilibré, recula le pied gauche mais ne put éviter de tomber à l'eau : Colin était le vainqueur ! Je criai de joie et me tournai vers Angelo pour partager avec lui cet instant, mais il courait déjà vers mon frère, sans un regard pour moi. J'en fus blessée, même si je pouvais comprendre qu'il soit impatient de féliciter son ami.

La foule se montra dépitée que le vainqueur fût un étranger et applaudit Colin avec une certaine réserve, mais il s'en moquait, il était radieux. Les consuls de Beaucaire, installés dans une barque d'honneur, s'approchèrent du lieu du tournoi pour la remise des prix. Après un bref discours, on remit à Colin une coupe d'argent. Les musiciens en profitèrent pour faire une démonstration de leurs talents, tandis qu'on lâchait sur le fleuve des canards pour amuser les enfants. Je réussis à approcher mon frère quelques secondes pour le féliciter, mais il était entouré d'une telle multitude de gens que je renonçai à rester plus longtemps. Angelo n'était plus là, et c'est le cœur gros que je regagnai, toute seule, l'hôtel de Gensane.

Je m'étais couchée fort tôt et j'étais profondément endormie quand la voix de Colin m'éveilla :

— Douceline, éveille-toi, je dois te parler !

Je me dressai sur ma couche, hébétée. Colin se penchait vers moi, une chandelle à la main :

— Je viens te faire mes adieux, Douceline. Je vais rejoindre Du Guesclin et ses hommes !

Je sautai sur mes pieds et le pressai de questions. Sitôt en possession de la coupe, Colin l'avait vendue à un orfèvre et avait acheté un cheval. Il m'apprit que depuis deux jours, le bruit courait que les routiers étaient aux portes de Beaucaire ; on les aurait vus dans un village voisin, et mon frère était décidé à tenter sa chance pour les retrouver. Il allait partir sur l'heure, au lever du soleil.

Je le serrai longuement dans mes bras, et le suppliai d'accepter quelques-uns des écus que j'avais gagnés ; il consentit à en prendre un, pour m'être agréable. Puis vint le temps redouté des adieux. Colin prit l'épée que mon père lui avait remise, et prépara son bagage. Nous nous mîmes à genoux et récitâmes ensemble une courte prière. Je l'embrassai une dernière fois, je lui fis mille recommandations inutiles, puis il partit, impatient, dans le jour naissant. J'étais seule.

Mon frère parti, je sombrai dans une sorte de désespoir. Je repensai à ces mois écoulés, et à la façon dont chaque événement heureux avait entraîné après lui une série de catastrophes. Je n'avais obtenu de mon père l'autorisation d'aller à Beaucaire que pour me faire dépouiller par les routiers. J'avais magnifiquement vendu mon *Eau des anges*, mais je m'étais brouillée avec

Béranger. Je n'avais retrouvé Angelo que pour perdre Colin… Quel triste bilan !

Je partis très tôt chez maître Sicard pour y travailler. À ma grande surprise, le maître apothicaire s'inquiéta de ma pâleur et de ma mauvaise mine. Je fus si sensible à cette attention que je manquai fondre en larmes et lui confiai mon malheur. Maître Sicard s'assit sur une escabelle[1], puis il réfléchit un moment tandis que je m'excusai de m'être ainsi épanchée. Il sortit, et je repris mes onguents, tâchant d'oublier cet incident, dont je n'étais pas fière, mais à l'heure de midi, il me rejoignit, fort agité, et me tint ce stupéfiant langage :

— Douceline, je compatis à votre malheur et j'aimerais faire mon possible pour vous soulager. J'ai pu apprécier depuis que vous êtes arrivée votre talent particulier pour les senteurs et votre application au travail…

Sicard continua sur ce ton et je crus comprendre qu'il me proposait de m'employer comme commis quand la foire serait terminée. J'étais si perdue que je balançais à accepter, tant j'avais peu de goût à rentrer seule à Grasse pour y apprendre à mon père le départ de Colin. Cependant, je me trompais : l'apothicaire me parlait mariage ! Il voulait m'épouser, moi, Douceline, de vingt ans sa cadette, et une fois le grand mot lâché, il ne put davantage se contenir. Il s'assit à mes côtés, me prit la main, et se mit à me raconter d'une voix passionnée, comme nous allions bien nous entendre et faire prospérer, grâce à mes eaux de senteur, son apothicairerie ! Je sautai sur mes pieds, tâchant d'arrêter ce flot de paroles fâcheuses. Maître Sicard insistait, me suppliait de réfléchir, me parlait à présent de ma beauté et de

1. Siège de bois, sans bras ni dossier.

ma jeunesse, du rose de mes joues, de mes cheveux et que sais-je encore. Je n'y tins plus. Laissant là l'apothicaire, je me sauvai de l'échoppe sous les regards curieux des voisins.

Je marchai à grands pas, et je réfléchis. Puisque Colin était parti et que je ne pouvais continuer à travailler avec maître Sicard dans ces conditions, je trouverai un convoi de voyageurs en partance pour Grasse, et je me joindrai à eux pour rentrer chez moi le plus vite possible. La chance m'accompagnait car tandis que je me dirigeais vers le logis de dame Gensane, je croisai Angelo dans la rue. Me voyant bouleversée, il me conduisit jusqu'au comptoir d'un changeur qu'il connaissait et lui demanda s'il pouvait nous accorder l'hospitalité pour quelques instants, afin que nous puissions parler en toute tranquillité. Le bonhomme – que Dieu le bénisse – laissa pour un instant ses piles de deniers et de florins, et nous fit entrer dans son arrière-boutique. Ce fut un soulagement pour moi de raconter à Angelo le départ de Colin. Il en fut abasourdi, et un peu peiné, mon frère ne lui ayant jamais fait part de ses projets.

— Je savais que Colin n'aimait pas le métier de marchand, reconnut Angelo, mais j'ignorais qu'il voulait se battre. Pourquoi ne m'en a-t-il pas parlé ?

— Que lui auriez-vous répondu ?

— Que c'est folie de partir seul à la recherche de cette troupe de brigands ! Qu'il n'a pas le droit de vous laisser ainsi…

Je souris tristement :

— Voilà sans doute pourquoi il ne vous a rien dit !

— Mais qu'allez-vous faire, Douceline, seule ici, sans famille ? Voulez-vous rester à Beaucaire et continuer à travailler à l'apothicairerie ?

J'hésitai à dire la vérité à Angelo, tant la scène avec maître Sicard me semblait ridicule, mais il me regardait d'un air si chaleureux que je lui confiai tout. Il fut horrifié :

— *Per Bacco*[1] *!* Un homme si vieux, qui pourrait être votre père et vous sait seule ici, sans protection, comment a-t-il osé !

— Sa proposition de mariage était honnête…

Angelo balaya mes objections de la main :

— En plus, vous le défendez, Douceline ! Vous êtes trop bonne, ou trop naïve. C'est insupportable, fit-il en se levant tout d'un coup, je m'en vais trouver ce Sicard et lui dire ma façon de penser.

— Vous n'en ferez rien ! Je ne tiens pas à ce que toute la ville soit au courant, cela ne ferait que m'attirer des ennuis.

Angelo, mécontent de se voir ainsi bridé, hésita. Je lui pris la main :

— Je vous en prie, ce n'est pas grave. Cet incident ne m'affecte guère, je voulais juste que vous sachiez pourquoi je ne veux pas rester à l'apothocairerie. Je n'ai plus qu'une chose à faire, rentrer chez mon père, à Grasse ! Pour cela je dois d'abord trouver des voyageurs ou des pèlerins qui acceptent que je me joigne à eux. Dame Constance m'avait dit qu'elle m'aiderait, je vais lui en parler…

— Y pensez-vous, Douceline ? Vous n'allez pas reprendre la route et courir de nouveaux périls ! Rentrez plutôt à Grasse avec moi. Je pourrai vous trouver une place sur mon bateau, j'en suis certain. Ce serait plus sûr, plus rapide, et je pourrai veiller sur vous !

---

1. Juron signifiant : par Bacchus !

Je balbutiai :

— Sur le bateau ? Avec vous ? Grasse est fort loin de la mer, comment…

Mais Angelo avait réponse à tout : le bateau affrété par son père devait mouiller quelques jours à Nice, pour y décharger des peaux et traiter avec quelque marchand de sa connaissance qui vendait des barils de poisson salé. Une fois là-bas, il se débrouillerait pour me conduire à Grasse, dans l'arrière-pays, ou ferait prévenir mon père qui viendrait lui-même me chercher. J'étais transportée de joie à l'idée de passer quelques jours avec Angelo, de prendre la mer – ce que je n'avais jamais fait –, mais j'avais conscience des mille problèmes que ne manquerait pas de poser ce projet insensé. À commencer par le premier : il n'était pas envisageable qu'une jouvencelle comme moi voyage sur un navire marchand sans une dame pour lui servir de chaperon.

18

Beaucaire, début août 1368

Le soir venu, je parlai à dame Constance. Je lui fis part de la proposition d'Angelo. Je lui révélai, sous le sceau du secret, que Colin était parti, et que maître Sicard m'avait proposé le mariage. Dans ces conditions, plus rien ne me retenait à Beaucaire, il était temps pour moi de rentrer à Grasse et de retrouver mon père. Mon amie, pour une fois, en resta sans voix, et réfléchit un moment avant de dire :

— Eh bien, Douceline, que de mésaventures ! Je suis navrée pour Colin, mais sa décision ne m'étonne guère. Quant à cet apothicaire…

— Je vous en prie, n'en parlons plus, Madame ! Que pensez-vous de la proposition d'Angelo Tombarelli ?

— Ce serait folie de partir seule en compagnie de marins et de marchands, Douceline ! Votre père n'y aurait jamais consenti. Mais peut-être y a-t-il d'autres solutions…

Je m'attendais à cette rebuffade et je protestai, amère :

— Comme de rentrer par la route avec Béranger Clémentis et les marchands grassois ? Je n'en ai nulle envie, et serait-ce plus convenable, de toute manière ?

Constance me coupa :

— Douceline, ne vous échauffez pas ainsi ! J'ai bien compris que vous préfériez la compagnie du jeune Angelo à celle de Béranger ; et je ne peux que vous approuver…

Je me sentis rougir et détournai les yeux. La veuve poursuivit :

— Je me demandai si votre navire génois pouvait embarquer plusieurs passagères. J'ai réglé mes affaires à Beaucaire, et je songe à rentrer à Grasse avec Héloïse. Cela pourrait être une solution !

J'étais au comble de la joie, rien ne pouvait me faire davantage plaisir que de voyager avec ma chère Constance et Angelo. Une fois l'idée lancée, l'affaire se régla plus vite que je n'aurais osé le rêver. Angelo discuta avec le patron de la coque, maître Nicola Baldini, qui accepta de nous prendre à son bord. Il restait deux jours avant le départ, que nous employâmes à préparer nos bagages et à faire nos adieux.

Je n'avais aucune idée de ce que pouvait représenter un voyage en mer, et je n'avais jamais mis les pieds sur un bateau ; j'étais donc joyeuse et insouciante en montant sur le navire où Angelo nous attendait. J'aurais été bien en peine de dire s'il s'agissait d'une nef, d'une galère ou d'une caraque[1]. Je ne voyais que mon beau Génois, superbe dans son pourpoint de velours bleu. Il nous accueillit à bras ouverts, et nous présenta à maître Baldini avant de nous faire visiter notre embarcation. C'était un grand bateau pansu, large, avec deux mâts dont les voiles, pour l'heure, étaient pliées.

1. Nef et caraque étaient des bateaux à voile, alors que la galère était propulsée essentiellement par des rameurs.

— Nous n'avons pas pu utiliser une galère, expliqua Angelo, car nos marchandises étaient trop lourdes. Si nous avions acheminé des épices et des soies, cela aurait été possible, mais je n'aurais pas eu le plaisir de votre compagnie…

— Pourquoi ? demandai-je, étourdiment.

Angelo haussa les sourcils, amusé et étonné par mon ignorance :

— Il n'y a nulle place pour loger de gentes dames comme vous sur une galère, Douceline ! C'est un vaisseau rapide, mais on y dort à la dure sur le pont, ou dans la cale, alors que sur notre belle coque, vous pourrez loger sous le château. Venez voir…

Angelo nous fit traverser le pont – qui était alors fort encombré : des marins s'affairant à embarquer des sacs de blé et autres marchandises achetées pendant la foire –, et nous mena au château arrière. C'était une construction de bois rectangulaire, ressemblant assez à une cabane à toit plat. Un petit réduit y avait été aménagé et servait de chambrette ; le patron de la coque nous en laissait l'usage.

— C'est très aimable à lui, fit dame Constance, mais où dormira-t-il ? Et vous-même, Angelo ?

— Nous coucherons dans l'entrepont, ce n'est pas un souci. Le voyage jusqu'à Nice est fort court !

Il régnait à présent sur le bateau une fébrilité qui me fit comprendre que notre départ était imminent. Les marins couraient, s'interpellaient en italien, s'activaient. Angelo nous laissa pour rejoindre ses commis et vérifier le chargement. Enfin, ce fut le départ, au son des trompettes et sous les yeux des badauds qui se pressaient sur le port, les Beaucairois étant friands de ce spectacle.

Nous voguions à présent sur le Rhône. Je vis s'éloigner Beaucaire et Tarascon, avec leurs deux châteaux jumeaux, puis ce fut la campagne avec quelques villages dont certains avaient visiblement souffert des attaques des routiers. Le bateau tanguait quelque peu, le fleuve étant capricieux, et Héloïse commença à pâlir de manière inquiétante. De temps en temps, nous dépassions une île, ou des barques de pêcheurs. Nous avons traversé la grande cité d'Arles ; à partir de là, le fleuve devint plus agité. Angelo m'expliqua que c'était à cause des eaux de la mer qui remontaient l'embouchure du fleuve et se mêlaient à celui-ci, créant des turbulences.

Descendre le fleuve nous prit la journée. Durant tout ce temps, je restai sur le pont avec Constance, profitant de la beauté du paysage et tâchant de comprendre le travail des marins. Certains chantaient en travaillant. Je me délectais à les écouter, leur langue étant si belle, musicale, et proche de notre provençal.

Sur le coup de midi, Angelo nous rejoignit. Il nous porta quelque nourriture que nous partageâmes, assis à même le pont. Je garde encore en bouche le goût du pain de ce jour-là. Il était délicieux, parce que j'avais faim, que l'air était doux, et que je le partageai avec mon amoureux.

Nous avons passé la nuit sur le fleuve, au mouillage. Nous étions serrées toutes trois dans notre réduit, sur une paillasse. Sur le pont, des hommes en armes veillaient, au cas où le bateau serait attaqué. Je n'arrivais pas à m'endormir. Je sentais l'odeur douceâtre du fleuve, j'entendais le bois du bateau qui craquait, le clapotis de l'eau et le crissement des insectes. Je songeai à Angelo, couché avec les autres dans l'entrepont. Je me demandai s'il dormait et s'il pensait à moi.

Au petit matin, le bateau repartit. Nous traversâmes des marécages et des marais salants aux eaux violettes, dont l'odeur, toute nouvelle pour moi, me surprit. Enfin nous atteignîmes l'embouchure du fleuve. À cet endroit, les eaux du Rhône étaient agitées de forts remous, et on nous conseilla de nous installer dans notre chambre pour ne pas risquer de choir. La pauvre Héloïse, qui commençait tout juste à s'habituer au roulis, se sentit mal, et je tâchai de la réconforter. La coque craquait de toutes parts. Je me mis à la petite fenêtre et j'aperçus la mer, que je n'avais jamais vue. J'en fus éblouie : son immensité, ses reflets d'argent, la surface mouvante de ses eaux me transportèrent. Je sortis pour mieux la voir, mais à cet instant, j'entendis de grands cris et je vis arriver Angelo, pâle et défait :

— Deux galères approchent…

— Est-ce inquiétant ?

— Douceline, il peut s'agir de pirates ! Nous devons nous montrer prudents. Je vais m'armer.

Constance s'approcha de moi et me prit la main tandis qu'Angelo s'éloignait. Les marins descendaient dans l'entrepont et en remontaient avec des casques, des poignards et des instruments que je ne connaissais pas. Maître Baldini, une main en visière, observait les deux galères. Elles arrivaient droit sur nous, rapides et silencieuses : leurs rames battaient l'eau avec une régularité parfaite. Je les regardai, fascinée. Constance murmura :

— C'est étrange, je ne vois pas de bannière…

— Pensez-vous que ce sont des pirates ?

— J'espère que non !

À ce moment, la première galère fit hisser un pavillon. Quand il se déploya tout en haut du mat, un cri de soulagement sortit de toutes les gorges : c'était le pavillon génois ! Angelo s'approcha de moi :

— Ce sont des compatriotes, grâce à Dieu !

Le patron héla l'équipage de la première galère mais en guise de réponse, celle-ci continua de s'approcher. Je commençai à distinguer les rameurs. Ils avaient la peau tannée par le soleil et des bonnets sur la tête. Angelo s'inquiéta :

— Je n'aime pas cela. Pourquoi le patron ne dit-il rien ? Oh, *Corpo di Dio*, Douceline, ce sont des pirates !

La bannière génoise n'était qu'une ruse : des hommes avaient sauté de la première galère et nageaient à présent vers nous, un couteau entre les dents. Voyant cela, maître Baldini fit un grand signe de croix et cria des ordres en italien. Nos marins se saisirent de longues gaffes et commencèrent à repousser les pirates qui escaladaient notre coque, mais il en venait de plus en plus. Angelo hésitait à me quitter :

— Je vais vous conduire dans l'entrepont, vous y serez à l'abri.

À cet instant, je vis, juste derrière Angelo, la tête et les bras d'un pirate qui s'agrippait à la rambarde. Je hurlai :

— Angelo ! Derrière vous, attention !

Mon ami se saisit d'une gaffe et frappa violemment l'homme, qui tomba à l'eau. Il en venait d'autres : tandis que nos marins bataillaient contre les pirates venus de la première galère, la seconde avait contourné la coque et ses hommes s'étaient mis à l'eau à leur tour, pour nous prendre par surprise. Angelo tenta de les repousser tandis que je courais chercher de l'aide. Alertés par mes cris, deux marins accoururent pour lui prêter main-forte. Je fus soudain happée par Constance qui m'attira jusqu'à l'entrée de l'entrepont :

— Douceline, venez avec nous, c'est folie de rester sur le pont ! Vous n'y gagnerez que des coups.

Je tentai de résister, mais Constance entendit à peine mes protestations tant il y avait de vacarme. Mon amie me traîna à demi par le petit escalier qui conduisait à l'entrepont. J'y trouvai trois voyageurs terrifiés et deux blessés qu'Héloïse s'efforçait de secourir. Je m'approchai d'elle pour voir si je pouvais me rendre utile, tant je ressentais le besoin de m'occuper pour ne pas céder à la terreur. Soudain, la trappe s'ouvrit à grand fracas et trois pirates firent leur apparition, criant et vociférant dans une langue que je ne connaissais pas. Nous n'osions plus bouger. Heureusement, ils passèrent devant nous et descendirent à la cale, sans doute pour piller le navire. Un autre homme arriva, avec un air d'autorité qui me fit penser que c'était leur chef ; maître Baldini les suivit de peu et ils se mirent à discuter en italien. Constance s'approcha de moi et murmura :

— Il tente de négocier…

Le ton montait entre les deux hommes. Le chef des pirates gesticulait, brandissant son coutelas, et maître Baldini tentait visiblement de l'apaiser. Deux pirates revinrent de la cale avec quelques tonnelets de vin et un sac de grain qu'ils jetèrent, furieux, aux pieds de leur chef. Celui-ci se précipita alors sur moi et me colla contre sa poitrine, un couteau sur la gorge. Affolé, maître Baldini protesta ; j'étais terrifiée et ne comprenais rien à tout cela. Le patron de la coque s'adressa enfin à moi dans un français hésitant :

— Ils sont furieux, le blé ne les intéresse pas, ils veulent de l'argent, des florins ! Je vais tâcher de les calmer, demoiselle.

Dame Constance s'avança vers le patron et lui donna son aumônière qui, je le savais, contenait le peu d'argent que sa cousine Gensane lui avait prêté. Ils discutèrent longtemps. Quant à moi, mes jambes tremblaient, je n'entendais plus rien, et me sentais près de défaillir. J'osais à peine respirer, tant la pointe du poignard me gênait. Enfin le pirate me lâcha, et je m'affalai par terre comme une poupée de chiffon. Constance se précipita vers moi, le visage baigné de larmes. Elle me serra contre elle :

— Ma pauvre enfant… vous êtes sauve, grâce à Dieu !

Je repris mes sens et m'aperçus que les pirates et maître Baldini étaient sortis de l'entrepont. Je demandai :

— Que s'est-il passé ?

— Ils ont trouvé un accord, je pense. Nous allons payer une rançon, les pirates vont prendre les marchandises les plus coûteuses et les plus légères, et nous serons saufs. Heureusement, ils ne cherchaient pas d'esclaves !

Je n'avais pas revu Angelo depuis le début de l'assaut. Saisie d'un horrible pressentiment, je sortis de l'entrepont en criant :

— Angelo ! Angelo !

Hélas ! Sur le pont, parmi d'autres corps navrés[1], mon Angelo gisait, inconscient, dans une flaque de sang…

---

1. Blessés.

19

Angelo avait reçu un coup de couteau dans l'épaule. Il avait perdu beaucoup de sang, mais il était vivant.

Les pirates étaient partis, laissant derrière eux ruine et désolation. Six de nos marins étaient morts, et cinq autres blessés. Les bandits nous avaient dépouillés de notre argent, des marchandises les plus précieuses et de nos armes. Cependant, ils n'avaient pas fait de prisonniers, nous étions saufs, et nous avions gardé le bateau. Cela nous avait tout de même coûté une rançon de trois cent cinquante florins…

Dans l'équipage, un barbier faisait office de chirurgien ; il se chargea des hommes les plus gravement atteints et m'abandonna Angelo. On les installa sur des paillasses, dans l'entrepont. Je n'avais aucune expérience, mais je me rappelai des leçons apprises auprès de mon père en son officine, et je nettoyai la plaie avec de l'eau vinaigrée. Il fallait éviter l'infection, ce qui ne serait pas facile dans l'espace confiné du bateau, avec cette chaleur. Angelo reprit vite connaissance. Il me dit, tandis que je posai un emplâtre sur sa plaie :

— Douceline, je m'en veux terriblement. C'est moi qui vous ai entraînée dans ce péril…

Je m'interrompis, stupéfaite :

— C'est vous qui souffrez, Angelo !

— On m'a appris ce qui vous est arrivé. Ce pirate qui vous a menacée d'un couteau, il aurait pu vous tuer ! Et moi qui vous avais promis un voyage sans encombre…

Je trouvai son raisonnement absurde. J'eus beau le raisonner, il s'entêta dans ses accusations, et je cessai de le contredire de peur qu'il se fatigue en s'agitant. Je compris plus tard qu'il était atteint dans son orgueil, n'ayant pu ni me protéger, ni venir à mon secours.

La situation sur la coque s'avérait bien précaire. Il n'était plus question d'aller jusqu'à Nice, il nous fallait trouver un port plus proche, et vite. Maître Baldini choisit de regagner Marseille ; nous en avions pour une journée de navigation. Héloïse, Constance et moi la passâmes dans la chaleur étouffante de l'entrepont, nous relayant auprès des blessés. L'un d'eux avait une forte fièvre et divaguait.

L'ambiance à bord avait changé. Parce que nous soignions leurs camarades, et parce que le péril partagé nous avait rapprochés, les marins se montraient attentionnés. Ils nous proposaient de partager leurs biscuits, et nous installaient des caisses quand nous étions sur le pont pour nous servir d'escabelle. L'un des passagers me confia son flacon de vinaigre aromatique pour purifier l'air. Tout cela s'accomplissait par gestes, avec des mimiques et des sourires, car nous ne parlions pas la même langue. Cette gentillesse nous fut d'un grand réconfort.

Dans l'après-midi, Angelo s'assoupit. Je sortis sur le pont où je trouvai maître Baldini qui observait le rivage. Le paysage avait changé. Après les grandes étendues plates et sableuses aperçues en quittant le Rhône, nous longions à présent une côte escarpée, baignée par une eau bleu marine.

— Quand arriverons-nous à Marseille ?

— Dans deux heures environ. Comment se portent nos blessés ?

— Ils vont mieux, sauf le marin qui est touché à la poitrine et qui délire. Le barbier s'inquiète pour son poumon…

— Et le *signorino* Tombarelli ? fit-il en me lançant un coup d'œil inquiet.

Je me troublai, comme chaque fois que l'on prononçait devant moi le nom d'Angelo.

— Sa blessure est sans gravité et il guérira vite, si nulle infection ne s'en mêle.

— Parfait, parfait. Son père et sa mère seraient très fâchés qu'il lui arrive quelque chose. Et Luisa aussi, *poveretta*[1]…

— Luisa ?

— Oui, la *signorina* Luisa Pallieri, la fille de l'associé du *signor* Tombarelli. Ce sont deux familles très riches, *signorina*, très puissantes. Ils font des affaires ensemble, et on dit qu'ils vont marier leurs enfants, c'est bien normal. Je crois même qu'ils sont fiancés. Vous sentez-vous mal, *signorina* ? Vous êtes pâle…

J'étais pâle, en effet, et sans voix ni force. Angelo, fiancé. Angelo, fiancé. Je me répétai ces mots comme pour m'aider à accepter l'affreuse réalité. Je balbutiai quelques mots : j'étais fatiguée, que maître Baldini veuille bien m'excuser. Je me réfugiai dans notre petite chambre

1. La pauvrette.

sous le château, luttant contre l'envie de me coucher sur la paillasse et d'éclater en sanglots.

Nous entrâmes dans le port de Marseille en fin d'après-midi. Lors des manœuvres d'approche, je restai dans l'entrepont, hébétée, assise auprès d'Angelo qui dormait encore. J'entendis les hommes courir sur le pont, le patron qui hurlait ses ordres, mais toute cette agitation me laissait indifférente.

Il me fallut sortir de ma tanière quand les marins vinrent vider l'entrepont, et charger les blessés sur des civières. Angelo s'éveilla et me dit quelques mots sans suite. Je lui fis brièvement mes adieux et montai rejoindre mes compagnes. Marseille m'apparut alors dans toute sa splendeur. Sur la rive nord, la ville, adossée à des collines, se découpait sur un ciel d'un bleu éclatant. Le côté exposé au sud était entièrement fortifié ; la muraille laissait apparaître les deux hautes tours crénelées de l'abbaye Saint-Victor.

— Vous voilà enfin, Douceline, s'écria Constance. Prenez votre bagage.

— Que vont devenir les blessés ?

— Maître Baldini va les conduire jusqu'à l'hôpital du Saint-Esprit. Quant à nous trois, nous logerons à l'abbaye de Saint-Sauveur. Les religieuses nous offriront l'hospitalité.

— C'est parfait. Je vous suis !

— Douceline…

Dame Constance me prit le bras et me fixa :

— Je vous vois soucieuse. Ne vous inquiétez pas, nous irons chaque jour visiter nos malades.

Je sentis mes yeux se mouiller de larmes. Constance avait deviné mes sentiments, mais elle ignorait qu'Angelo était promis à une autre. Je fis un pauvre sourire et détournai la tête ; heureusement, il était temps de quitter la coque.

J'avais fini par m'habituer au mouvement du bateau, et je titubai en posant le pied sur la terre ferme. Il paraît que c'est chose fréquente quand on a passé quelque temps en mer. Maître Baldini nous fit escorter jusqu'à l'abbaye de Saint-Sauveur, qui était une belle bâtisse construite en pleine ville. Constance appela la sœur portière et lui exposa notre situation. On voulut bien nous loger pour quelques jours, et l'on nous mena à l'hôtellerie du couvent. Nous devions nous partager une petite chambre qui donnait sur le minuscule jardin des sœurs. Héloïse commença à défaire nos bagages tandis que Constance, songeuse, regardait par la fenêtre.

— Combien de temps allons-nous rester à Marseille, Madame ?

— Je ne sais, Héloïse, le temps que les blessés soient rétablis, j'imagine. Nous partirons ensuite pour Nice, et de là, nous tâcherons de rejoindre Grasse. Le trajet n'est pas long.

Héloïse continua à déplier et aérer notre linge, mais je vis que des larmes coulaient sur ses joues :

— Qui sait ce qui nous arrivera cette fois, Madame ? Reverrons-nous un jour notre cité ?

Ses bonnes joues rondes avaient fondu. Je me souvins que la pauvre fille avait, depuis le début de notre voyage, pâti d'un flux de ventre, du mal de mer, sans parler des périls que nous avions partagés. Je lui pris la main :

— Tout ira bien Héloïse, j'en suis sûre !

Mais il était écrit que les choses devaient aller de mal en pis.

Le lendemain, après avoir assisté à l'office de tierce[1] dans la chapelle du couvent, nous sommes allées prendre des nouvelles des blessés. L'hôpital Saint-Esprit ne se situait qu'à quelques minutes de marche de l'abbaye, et nous étions les premières visiteuses. Le portier nous conduisit jusqu'à la salle des hommes, qui comprenait soixante lits, dont seulement une dizaine étaient occupés. Angelo et les marins blessés reposaient sur des couches étroites. Un homme âgé s'approcha de nous. Il portait une robe brune avec une double croix blanche sur la poitrine. Il s'appelait frère Louis, et avait la charge du soin des malades.

— L'un des marins nous a quittés cette nuit, annonça-t-il en désignant un lit vide. Nous l'enterrerons demain.

Nous fîmes le signe de croix, tête baissée, en retenant notre émotion. Le frère poursuivit :

— Les autres vont assez bien, nous avons lavé et pansé leurs plaies. Cependant, le jeune Génois m'inquiète…

Mon cœur bondit dans ma poitrine et je me précipitai vers Angelo. Ses yeux étaient ouverts, mais il ne sembla pas me reconnaître. Je posai la main sur son front : il était brûlant. Le frère Louis m'expliqua qu'Angelo avait commencé à s'agiter au petit matin. Il avait refait son pansement et lui avait donné une tisane calmante qui n'avait guère produit d'effet.

1. Un des offices du matin pour les moines et les moniales.

Je m'assis près du jeune homme et lui parlai à voix basse, espérant que le son de ma voix l'attirerait hors des contrées brumeuses où l'entraînait la fièvre. Je ne sais s'il m'entendit, mais il me prit la main et ferma les yeux. Je tentai de ne pas céder à la panique. Une question me taraudait : Angelo avait-il attrapé un mal comme celui qui, quelques années auparavant, avait emporté ma mère ?

20

Marseille, mois d'août 1368

Il y avait alors à Marseille une communauté de femmes qui vivaient ensemble, menaient une vie de prières et pratiquaient la charité envers les pauvres et les malades, sans toutefois prononcer les vœux des religieuses. On les appelait des béguines. Deux d'entre elles venaient chaque jour aider les frères à laver et panser les malades, s'occuper du linge et du ménage. Je fis leur connaissance à l'hôpital et je fus touchée par la simplicité de leurs manières. Comme leur béguinage se trouvait tout près de l'abbaye de Saint-Sauveur, nous rentrions ensemble. Quand elles apprirent que je me nommais Douceline, la plus jeune, Philippa, s'exclama :

— C'est le prénom de notre sainte patronne, Douceline de Digne !

Elle me conta alors la vie de cette sainte qui avait vécu en Provence cent ans auparavant et fondé leur communauté. Arrivée devant chez elle, Philippa me proposa d'entrer boire un verre d'eau. J'acceptai, car j'avais grand soif, et j'étais curieuse de voir comment vivaient les béguines. Elles habitaient dans de petites maisons serrées les unes contre les autres, une pour chaque béguine, toutes semblables. Le logis était minuscule, mais très bien conçu et d'une propreté parfaite. Il embaumait la cire d'abeille et la lavande. Philippa me dit que chaque béguine gardait une certaine liberté et conservait ses biens.

— Je n'avais nulle envie d'entrer au couvent, me confia-t-elle, ni de me marier, aussi, quand mes parents sont morts, j'ai choisi de vivre ici. Je me sens en sécurité, j'ai toute liberté pour sortir et je ne souffre pas de la solitude. Nous nous retrouvons pour prier, pour discuter. Nous nous entraidons, et j'aime beaucoup travailler à l'hôpital.

Philippa me regarda avec curiosité :

— Et vous, Douceline ? Allez-vous prendre époux, une fois de retour à Grasse ?

Cette question sans détour me déconcerta et je rougis, ce qui plongea ma nouvelle amie dans la confusion :

— Je suis désolée de m'être montrée indiscrète, notre prieure me dit souvent que c'est mon principal défaut !

— Je vous en prie, ce n'est pas grave. Mon père projetait de me marier, mais je ne souhaite pas épouser le garçon qu'il m'a choisi. J'aimerais travailler comme apothicairesse, ce métier me passionne et l'on me reconnaît quelque talent pour élaborer des eaux de senteur.

Philippa s'extasia avec une gentillesse qui m'émut. Je la quittai, me surprenant à envier la claire simplicité de sa vie, pour rejoindre Constance et Héloïse derrière les murs du couvent.

Je retrouvai Philippa les jours suivants, à l'hôpital. Angelo, hélas, n'allait pas mieux. Maître Baldini venait le voir chaque matin. Le pauvre homme ne savait que faire, et repoussait chaque jour son départ. Ses marins s'étaient suffisamment rétablis pour envisager de reprendre la mer ; restait notre Angelo qui était de plus en plus pâle, de plus en plus faible. Je passais mes journées à son chevet, en compagnie de Constance et d'Héloïse. Je me rendais utile en préparant des potions et des tisanes que je lui faisais boire lentement, à la cuillère. Je lui rafraîchissais le front avec des linges mouillés, et quand je ne trouvais plus rien à faire, je me contentais de rester assise à ses côtés, lui tenant la main, priant pour que la fièvre tombe et qu'il guérisse.

Le troisième jour, son état s'aggrava. Le frère Louis, qui le soignait, nous dit de nous préparer au pire. Me voyant désespérée, la bonne Philippa me proposa d'aller prier sur la tombe de sainte Douceline. Je commençai par refuser, ne voulant pas m'éloigner d'Angelo, mais Constance approuva la béguine, et insista pour que je sorte. Elle m'assura qu'elle resterait au chevet du malade.

Philippa me prit le bras et m'entraîna dehors. La sainte était enterrée dans le couvent des frères mineurs, à une demi-heure de marche. Durant tout le trajet, Philippa me raconta les miracles que la sainte avait accomplis, tant et si bien que je retrouvai quelque espoir.

Dans la pénombre de la chapelle, des dizaines de bougies éclairaient le tombeau. Le corps de Douceline reposait dans un sarcophage de marbre blanc, posé à même le sol. Les murs étaient tapissés d'ex-voto, ces petites plaques gravées de messages remerciant la sainte pour des guérisons. Philippa se mit à genoux et je l'imitai. Je fermai les yeux et je priai de toute mon âme, suppliant Douceline de guérir Angelo. Je ne sais si c'est à cause du calme et du silence de la chapelle, mais je m'apaisais peu à peu. J'avais le sentiment qu'une présence bienveillante emplissait ce lieu, qu'elle me consolait, comme le faisait ma mère quand j'était enfant. Désarmée, je laissai couler mes larmes.

Pleurer me fit du bien, et je demeurai un long moment à genoux, les yeux clos, jusqu'à ce que j'entende les cloches du couvent sonner l'angélus[1]. Ramenée à la réalité, je me levai et rejoignis Philippa qui m'attendait, debout, près de la porte de la chapelle. Nous prîmes le chemin du retour, en silence.

Je rassemblai mon courage devant l'hôpital, je redoutais le pire. Dès que nous entrâmes dans le couloir, j'entendis claquer les soques d'Héloïse qui courait à notre rencontre :

— Douceline, Philippa ! C'est un miracle ! Il est guéri !

Que dire de l'émotion qui fut la mienne en voyant Angelo pâle, assis sur son lit, et le sourire aux lèvres ? Sa fièvre était tombée, me dit Constance, qui en était toute bouleversée, précisément au moment où sonnait l'angélus. Convaincus que nous devions cette guérison à sainte Douceline, nous nous sommes agenouillés autour du lit, en présence du frère Louis, et nous avons récité une prière d'action de grâces. Puis Angelo demanda s'il pouvait manger…

Nous avons quitté Marseille le lendemain, après avoir enterré le marin mort de ses blessures. Je fis mes adieux à Philippa, avec beaucoup d'émotion. La jeune femme, qui ne savait ni lire ni écrire, me promit qu'elle dicterait une lettre à l'une de ses sœurs pour me donner de ses nouvelles. Elle nous accompagna sur le quai. Je revois encore sa silhouette qui agitait la main tandis que le bateau s'éloignait.

1. Prière du soir.

Il nous fallut deux jours pour rejoindre Nice. Je passai presque tout mon temps aux côtés d'Angelo, ce qui m'était aussi délicieux que douloureux, car je ne pouvais oublier que je devais le perdre à la fin du voyage. Nous parlions peu, il était encore affaibli par sa blessure et sa maladie, et moi, je ne savais que dire. Je me sentais incapable de renouer avec ces conversations légères et plaisantes qui avaient fait nos délices à Beaucaire, et je n'avais nulle envie de lui parler de son avenir, du mien, ou de Colin. Aussi restions-nous côte à côte, en un silence un peu gêné, et très troublant.

Après deux jours de navigation, nous arrivâmes à Nice. Le père d'Angelo était en relations d'affaires avec un marchand florentin qui habitait dans cette ville et accepta de nous héberger, Angelo, Constance, Héloïse et moi. J'avais déjà admiré la demeure de maître Clémentis, à Grasse – une simple masure comparée à celle du *signor* Alberici. Celle-ci était une maison magnifique, bâtie sur trois niveaux, dont l'intérieur dépassait en luxe et en richesse tout ce que j'avais pu imaginer. Le *signor* Alberici et son épouse nous accueillirent à bras ouverts et se montrèrent bouleversés en apprenant nos mésaventures. Ils avaient fait la connaissance d'Angelo lors d'un séjour à Gênes, deux ans auparavant, et le complimentèrent sur sa beauté et sa bonne mine. Vêtue de manière somptueuse, la *signora* Alberici portait des bijoux d'or et de corail d'un goût exquis. Malgré son rang, elle tint à nous conduire elle-même dans notre chambre, une vaste pièce au deuxième étage dans laquelle des servantes préparaient nos lits. En attendant le souper, la *signora* nous ferait préparer un bain pour nous remettre des fatigues du voyage. La dame sourit avec grâce, tapa dans ses mains en donnant des instructions à ses servantes et quitta la pièce, relevant délicatement ses jupes.

— Madame, voilà une personne qui a toutes les qualités, murmura Héloïse, admirative. Elle est belle, aimable, et vêtue comme princesse !

— Nous offrir un bain, quelle délicate attention ! approuva Constance. Aide-nous à nous préparer, Héloïse !

Tandis que la jeune fille ouvrait nos malles et y choisissait du linge propre, deux serviteurs nous amenèrent un grand cuvier de bois, suivis par une véritable procession de servantes portant des seaux d'eau fumante. Les valets posèrent le cuvier sur les tomettes, le remplirent d'eau chaude et une servante y versa des pétales de rose. Après leur départ, je me déshabillai sans façon, et Constance m'imita. Nous nous assîmes toutes deux dans le cuvier dont l'intérieur était recouvert d'une fine toile pour éviter de se blesser avec des échardes.

— Est-ce trop chaud, Madame ? s'inquiéta Héloïse.

— C'est parfait.

Je fermai les yeux, profitant de ce luxe délicieux, et savourant les effluves de rose musquée.

— Ces roses ont un parfum étrange, ne trouvez-vous pas ? Plus âcre et piquant que celui de nos roses de Grasse…

— Douceline, soupira Constance, vous ne pouvez vous empêcher de humer tout ce qui passe à portée de votre nez ! Dieu me pardonne, je n'ai jamais vu quelqu'un aussi passionné que vous par les senteurs.

Je rougis et sortis du bain. Héloïse s'empressa de me tendre une serviette.

— Cela doit être fort agaçant, veuillez me pardonner… Oh !

— Qu'y a-t-il ?

Je venais d'apercevoir, posé près du cuvier, un meuble étrange : on aurait dit un mannequin de bois muni de deux bras, l'un tenant un miroir, l'autre portant peigne et épingles. Il comprenait également une tablette sur laquelle étaient posés des fards et des onguents. La servante qui avait versé des pétales dans le bain, et qui visiblement avait été chargée du soin de notre toilette, m'expliqua :

— C'est une damoiselle à atourner[1]. Il n'y en a que dans les plus grandes maisons de Nice.

— Seigneur dieu, murmura Héloïse qui s'approchait avec précaution du mannequin, comme si celui-ci avait le pouvoir de bouger ses bras de bois. Quelle merveilleuse invention. Avez-vous vu cela, Madame ?

— Ma bonne Héloïse, si tu me portes une serviette, je pourrai peut-être l'admirer de plus près, persifla Constance.

Tandis qu'Héloïse, un peu honteuse, s'occupait de sa maîtresse, j'ouvris les pots et j'appréciai les senteurs des baumes et des parfums. Il y avait de l'eau de rose d'excellente qualité, de la crème à la fleur de nénuphar, dont je reconnus l'odeur douce et sucrée, de l'huile à l'ambre gris. La servante, un peigne à la main, attendait que je finisse. Je reposai le flacon et m'assit, tandis qu'elle me coiffait. Je n'avais pas l'habitude d'être traitée avec tant de soin et d'attentions, et j'en fus si touchée que je sentis mes yeux s'embuer. Je me mordis la lèvre pour refouler mon émotion et lançai, d'une voix que je tâchai de rendre naturelle :

— Héloïse, peux-tu me donner ma robe bleue ?

---

1. Habiller, préparer.

21

Le souper fut aussi raffiné que l'avait été le bain. La salle de réception, qui se trouvait à l'étage, était une belle pièce décorée de tapisseries. On nous servit un repas délicieux dont je ne mangeai que quelques plats, n'ayant pas l'habitude d'une telle abondance. Je me souviens qu'il y avait des tourtes aux herbes, des pâtés, du poisson en sauce safranée, du porc au gingembre, des figues, du lait d'amande, et j'en oublie… La belle nappe blanche qui recouvrait la table fut vite maculée de taches de sauce et de vin. Je chipotai dans l'écuelle que je partageais avec mon voisin, tout en regardant autour de moi. Constance discutait avec la sœur de la *signora* Alberici qui était veuve, comme elle. Angelo, superbe dans son pourpoint bleu, était placé à la droite du maître de maison, et ils se mirent à converser en italien. Je les observai en silence. Je me dis que bientôt, Angelo retournerait à Gênes. Il épouserait sa Luisa, habiterait une demeure aussi belle que celle-ci et mènerait la vie dont il rêvait, partagé entre le confort domestique et les voyages. Moi, je vivrais avec mon père, travaillant avec ardeur, sans doute, mais dans quelle solitude ! Colin était parti, Constance et Héloïse, qui m'étaient devenues chères, allaient reprendre le cours de leur vie, et mon père vieillissait…

— Vous rêvez, Douceline ?

Je sursautai, c'est à moi que s'adressait Constance.

— Pardonnez-moi.

— Nous parlions de notre retour à Grasse. Maître Alberici connaît justement deux respectables marchands qui y partent dans deux jours, sous bonne escorte. Je pense que nous pourrions nous joindre à eux.

Je regardai Angelo à la dérobée. Ses boucles brunes luisaient à la lueur des bougies et il continuait à parler avec la *signora* Alberici. Oui, partons rapidement, ce convoi de marchands était un signe du ciel sans doute. Je fis un pauvre sourire et me tournai vers notre hôte :

— Cela me semble parfait ! Ainsi nous n'aurons pas à abuser de votre hospitalité.

La *signora* Alberici protesta poliment que nous ne les dérangions en aucune manière, et son époux nous assura que nous serions toujours les bienvenus. Le repas s'achevait ; dès que je le pus, je quittai la salle et montai dans ma chambre.

Il me restait un jour avant notre départ. Je ne savais que faire pour m'occuper. Constance et Héloïse tenaient compagnie à la *signora* Alberici, qui brodait dans la fraîcheur de sa chambre, mais je ne me sentais pas d'humeur à bavarder. J'avais repéré, à l'arrière de la maison, un joli jardin fleuri, tout près des écuries et des dépendances. J'y trouvai un banc à l'ombre d'une treille et je m'assis ; un petit chien vint me rejoindre et posa sa tête sur ma jupe. J'étais occupée à le caresser quand j'entendis des pas : Angelo se dirigeait vers moi. Je me levai à demi pour le saluer, et il me demanda la permission de s'asseoir à mes côtés. D'un signe de tête, j'acceptai.

— J'ai appris que vous partiez demain…

— Oui.

— Je vais rentrer à Gênes, dit-il en détournant le regard. Notre coque prendra la mer lundi.

— Bien. Vos parents seront sans doute heureux de vous revoir.

Angelo me dévisagea, surpris :

— Sans doute, sans doute… Mais vous, Douceline, vous allez travailler avec votre père ?

— Oui, bien sûr. Tant qu'il aura besoin de moi, je resterai à ses côtés !

Je m'aperçus avec horreur que j'étais en train de parler, à mots couverts, d'un possible décès de mon cher père. Comme cela arrive souvent quand on a dit ce que l'on souhaitait taire, je tâchai de me rattraper et ce fut pis :

— Je ne puis le laisser. Je dois lui annoncer le départ de Colin, et je sais qu'il le prendra très mal.

— Mais pourquoi voudriez-vous le laisser ? Je vous croyais impatiente de rentrer chez vous. Vous souhaiteriez repartir, quitter Grasse ?

— Peut-être.

Sous l'effet d'une impulsion, j'ajoutai :

— Vous souvenez-vous de Philippa, qui vous a soigné à l'hôpital de Marseille ? Elle m'a fait découvrir la vie des béguines, et je me demandais si un jour, je n'irai pas vivre là-bas, au béguinage. Je pourrai sans doute y exercer mon métier…

Angelo écarquilla les yeux. Il était très pâle :

— Vous plaisantez, j'espère ?

— Pas du tout, fis-je avec une conviction que j'étais bien loin d'avoir. Les béguines se rendent utiles. Elles ne sont pas seules, mais elles ne vivent pas pour autant cloîtrées comme des religieuses, et elles sont libres ! C'est mieux que de vivre une vieillesse solitaire, et…

Angelo éclata de rire :

— Vous avez quinze ans, *per Bacco* ! Il est bien temps pour vous de songer à la vieillesse ! Vous êtes jeune, et – il hésita un peu – *très* jolie, Douceline. Pourquoi avez-vous des pensées aussi sombres ?

— Sans doute parce que mon frère est parti avec Du Guesclin, que mon père est vieux et triste, et qu'il veut me faire épouser Béranger Clémentis. Vous trouvez que c'est une bonne idée, sans doute ? Moi pas ! Tant qu'à choisir mon destin, je préfère devenir béguine et rester fille !

— Non !

Angelo s'approcha soudain de moi et me prit la main. Je sentis à nouveau son parfum merveilleux et je frémis. Il murmura :

— Douceline, ma chère, ma douce. Ne fais pas ça, tu es bien trop jeune, trop belle, et…

Il s'approcha de moi, me caressa doucement la joue, et je sentis ses lèvres effleurer les miennes. Je reculai et le giflai à la volée. Il s'écarta et me prit violemment le poignet :

— *Ma* tu es folle, vraiment !

— Je ne suis pas folle, j'ai ma fierté ! Allez donc rejoindre votre Luisa, mariez-vous, et laissez-moi tranquille !

Je tentai de me lever, mais Angelo ne me lâchait pas :

— Luisa. Oh, *per dio* ! Je suis désolé, qui t'a dit ça ?

— Quelle importance ?

— Douceline, écoute-moi, je t'en prie. Vois, je te lâche, tu peux partir si tu veux. Je ne vais pas épouser Luisa.

— Pourquoi ?

Ma voix me fit horreur : une voix de petite fille, émue, ridicule.

— Je n'aime pas Luisa, comme tu n'aimes pas Béranger, c'est tout simple. Je ne m'en serais sans doute pas aperçu si… si je ne t'avais pas rencontrée, s'il n'y avait pas eu ce voyage, si je n'avais pas découvert combien tu étais différente, et merveilleuse. Douceline…

Je le regardai, pleine d'espoir.

— C'est toi que je veux. Je peux t'embrasser, maintenant ? Tu ne vas pas me frapper ?

J'éclatai en sanglots et je me jetai à son cou. Il me serra contre lui, et me murmura mille choses en italien tandis que le petit chien, qui ne comprenait rien à ce qui se passait, courait tout autour de nous en jappant. Puis il me baisa les lèvres, doucement, longuement, et je compris que les béguines de Marseille allaient devoir se passer de ma compagnie.

Angelo m'aimait, c'était merveilleux ! Je me sentais légère, radieuse, et l'avenir, qui quelques minutes auparavant me semblait si sombre, était plein de promesses.

Nous avons parlé longtemps. Il me confia comment, au fil des jours, il avait appris à m'apprécier. Cependant, c'est au moment de sa blessure et de sa maladie qu'il avait pris conscience de ses sentiments, et décidé de ne pas épouser Luisa. Depuis, il était troublé, ne sachant pas comment il allait faire accepter son choix à ses parents.

Les fiançailles devaient être annoncées dès son retour de Beaucaire. Je le taquinais :

— Et moi ? Tu ne pensais pas me demander mon avis ?

— Je voulais d'abord empêcher ce mariage, puis j'espérais que mon père consentirait à me laisser passer quelques mois à Grasse. C'est alors que je me serais déclaré, mais tu as précipité les choses !

Il me prit à nouveau dans ses bras :

— Et je ne m'en plaindrai pas. Cela me donnera de la force pour faire accepter ma décision à *mio padre*…

Je me tus. Je savais que j'allais vivre à peu près la même chose, quand je devrais annoncer à mon père le départ de Colin et ma décision, irrévocable cette fois, de ne pas me marier avec Béranger.

Angelo me parla longuement de ses parents. Il me décrivit le *signor* Tombarelli comme un homme ambitieux qui avait fait fortune dans le négoce, et espérait pour ses enfants de beaux mariages. Quand il me vit pâlir, car ce discours m'inquiétait, Angelo m'expliqua que c'était aussi un père attentionné. Mon amoureux, avec son habituel optimisme, était convaincu qu'il accepterait son choix. Mais il faudrait du temps…

Du temps, nous en avions si peu ! Dès le lendemain, il fallut nous séparer. Les marchands qui nous avaient acceptées dans leur convoi vinrent nous chercher de bon matin. Je fis mes adieux à toute la maisonnée. Je remerciai le *signor* Alberici, son épouse et sa famille. Restait Angelo. Je dus me contenter de le voir quelques instants sur le pas de la porte, et comme nous n'étions pas seuls, nos yeux se dirent tous les mots que nous ne pouvions prononcer à voix haute.

On me fit monter sur une mule. J'étais toute à mon chagrin, et je ne garde qu'un vague souvenir de la façon dont nous avons quitté Nice. Il faisait très chaud. La *signora* Alberici, qui était décidément une personne très prévenante, nous avait fait cadeau de grands chapeaux de paille pour nous protéger du soleil. Ils avaient aussi l'avantage de cacher la moitié du visage, ce qui me dispensait de faire bonne figure. Après une journée harassante passée à chevaucher sur les sentiers, nous nous arrêtâmes pour la nuit dans une auberge dont nos marchands étaient des habitués. Constance, Héloïse et moi partageâmes une chambre pour la dernière fois. La nuit ne fut guère reposante, les lits de l'auberge étant fort durs et infestés de puces. Je sortis mon pomander afin que son parfum nous procure un peu de réconfort.

Le lendemain, après deux heures de route, Grasse nous apparut au détour d'un chemin, fière petite cité accrochée au coteau. Je poussai un cri de joie, repris aussitôt par le reste de la troupe. J'étais de retour chez moi !

22

Grasse, fin août 1368

Constance et Héloïse me laissèrent devant l'apothicairerie. L'officine étant largement ouverte sur la rue, je pus voir mon père à l'intérieur ; il travaillait à l'une de ses préparations. J'entrai sans prévenir. Il leva la tête, et son visage s'éclaira d'un sourire comme je ne lui en avais pas vu depuis des années :

— Douceline, est-ce possible ? Que Dieu soit loué !

Je lui tombai dans les bras tandis que Fanette accourait, suivie par Jeanne, et Géraud, l'apprenti. Fanette me contemplait en essuyant ses larmes dans son tablier et Géraud, qui n'avait jamais dû se risquer au-delà des remparts, me dévisageait avec admiration. Mon père chercha quelqu'un du regard :

— Où est Colin, Douceline ?

J'avais redouté ce moment. Je demandai à rester seule avec mon père, et je lui révélai tout. Il se tut quelques instants, accablé, puis il dit :

— Ainsi mon fils est parti se battre. J'aurais tout fait pour éviter cela, mais il semble que ce soit son destin. Il ne nous reste plus qu'à prier pour lui.

Pendant quelques jours, toute la maisonnée vécut au rythme de mes histoires. Je ne sais plus combien de fois je racontai l'attaque des routiers, et celle des pirates, et chaque fois Fanette frémissait et se signait en disant « *Sainte Vierge* ! *Ma pauvre petite* ! », jusqu'à ce que j'aille l'embrasser et la réconforter. Je devais donner mille détails sur la tombe de sainte Marie-Madeleine, la demeure de la dame Gensane, les vêtements de la *signora* Alberici, et – merveille des merveilles – la guérison miraculeuse d'Angelo, le jeune Génois que tout le monde ici considérait comme l'ami et le compagnon de Colin. Mon père écoutait mes récits, mais je voyais qu'il y prenait moins de plaisir que les autres. Le départ de Colin lui avait porté un coup dont il arrivait mal à se remettre.

Dame Constance, accompagnée d'Héloïse, vint nous voir à plusieurs reprises. Mon père la remercia du soin qu'elle avait pris de ma personne. Peu à peu, elle devint une habituée de notre maison. Elle passait à l'officine pour acheter des chandelles, du sucre, et s'arrêtait pour bavarder. Elle avait toujours quelque chose à raconter ; ses visites distrayaient mon père et me faisaient grand bien.

J'avais retrouvé avec bonheur notre officine et ses alambics, et je profitai de la fin de l'été pour m'approvisionner en romarin, en menthe et en herbes, que je fis mariner dans l'eau ardente en prévision de la distillation. J'avais envie de créer d'autres senteurs, de travailler à des pâtes parfumées pour des pommes d'ambre. Je renâclais à préparer les potions et les tisanes prescrites par les médecins ; heureusement, en mon absence, Géraud avait progressé. Il terminait son apprentissage, mon père lui confiait beaucoup de tâches et je m'en réjouis, car cela me permit de me consacrer presque entièrement aux préparations parfumées.

L'été prit fin. L'automne s'installait doucement quand j'appris que Béranger Clémentis et son commis venaient de rentrer en compagnie des autres Grassois restés à Beaucaire. Mon père et moi allâmes leur faire une visite de courtoisie. Je trouvai le jeune homme changé, amaigri et moins arrogant qu'auparavant. Ses parents nous installèrent dans la salle de réception où une collation nous attendait. Nous étions tous un peu guindés, et assez mal à l'aise. Je grignotai quelques dragées, dame Péronnelle servit du vin chaud en me demandant de conter mon voyage de retour. Maître Clémentis et mon père se taisaient. Je compris soudain que les Clémentis avaient abandonné le projet de m'unir à leur fils. Béranger lui-même, qui fuyait mon regard et caressait son petit chien, ne désirait certainement plus m'épouser, depuis qu'il m'avait vue monter à cheval, travailler dans l'apothicairerie de maître Sicard et autres intrépidités. Je me sentis tout d'un coup merveilleusement soulagée et c'est avec entrain que je fis mon récit et répondis aux questions de dame Péronnelle. J'avais grandi, mûri, et ce pauvre Béranger, qui plongeait le nez dans son gobelet de vin chaud, ne représentait plus pour moi une menace.

Je travaillai beaucoup pendant l'automne, et Angelo ne quittait pas mes pensées. J'étais sereine, car je ne doutais plus de son amour, et même s'il me manquait cruellement, j'avais en l'avenir une confiance inébranlable. Au début de l'hiver, le père Joseph rendit son âme à Dieu.

Il avait passé soixante-dix ans et se portait mal depuis quelques semaines. Si cette mort ne nous surprit pas, elle nous attrista fort.

Le printemps arriva, j'en profitai pour courir les collines en compagnie de Géraud, à la recherche de mes précieuses plantes aromatiques. Constance et Héloïse nous accompagnaient parfois. Le 30 avril, je fêtai mes seize ans. Le lendemain, alors que j'aidais Géraud à ouvrir les panneaux de bois qui fermaient notre officine, j'eus la surprise de voir devant notre porte un jeune homme, vêtu à la mode italienne ; il semblait attendre quelque chose ou quelqu'un. En me voyant, son visage s'éclaira et il demanda à voir mes eaux de senteurs. Je disposai donc sur le comptoir quelques flacons, et il se pencha pour les observer. Ce faisant, il murmura :

— Demoiselle, je viens vous porter un message d'Angelo.

Je crus défaillir. Ma vue se brouilla, mais je me repris rapidement tandis que le garçon poursuivait à voix basse :

— Il me charge de vous dire qu'il espère venir à Grasse au début de l'été. Et il m'a donné ceci pour vous…

Il fouilla dans son pourpoint et me glissa quelque chose dans la main. Derrière moi, Géraud s'affairait et je cachai prestement l'objet dans mon aumônière. Le jeune inconnu m'acheta un flacon d'eau de rose, me salua et partit. Dès que je le pus, je montai dans ma chambre et je fermai la porte en tremblant, tant j'avais hâte de découvrir ce qu'il m'avait donné. C'était un anneau d'or, fin et délicatement gravé. Je le portai à mes lèvres en balbutiant des mots sans suite, je le mis à mon doigt, j'avais envie de chanter et de pleurer en même temps. J'étais heureuse !

C'en était bien fini de ma patience et de ma sérénité ; chaque matin en me levant, j'espérais que ce jour m'apporterait des nouvelles d'Angelo. Je sursautais quand on entrait dans l'officine, et je buvais les paroles de dame Péronnelle quand je la rencontrais, car je supposais que mon amoureux, à son retour chez nous, viendrait loger chez les Clémentis. Bref, je vivais dans l'attente, jusqu'à ce jour béni du mois de juin…

Il faisait un temps magnifique et j'avais prévu de passer la matinée au couvent des dominicains pour voir quelles plantes arrivaient à maturité. Je m'apprêtais à sortir quand on frappa à la porte. Ne voulant pas déranger Jeanne, occupée à l'étage, j'allais ouvrir. Angelo se trouvait sur le seuil, aussi ému que moi. Il ne pouvait être question de tomber dans ses bras, et pourtant, comme j'aurais aimé le faire ! Au lieu de cela, nous sommes restés face à face, sans dire un mot, éperdus de bonheur. Cela ne dura que quelques secondes puis Angelo se reprit et dit :

— Chère Douceline, pourrais-je voir votre père ?

Mon père, passé le premier moment de surprise, donna son accord à ce mariage qui me faisait entrer dans une bonne famille génoise. Les fiançailles étant officielles, je pouvais voir à loisir mon bien-aimé, et je ne m'en privai pas. Angelo me raconta avec force détails comment il avait réussi à convaincre son père. Celui-ci s'était montré d'abord furieux, mais la chance avait joué pour nous. Au moment où le *signor* Tombarelli commençait à fléchir devant la détermination de son fils, il avait appris qu'un jeune noble désargenté faisait une cour assidue à Luisa, espérant renflouer ses finances par un mariage avec cette riche héritière. La jeune fille, de son côté, n'était pas insensible à son charme, ni son père à ses pécunes[1] ! Les deux pères, après avoir longuement débattu, renoncèrent donc au projet. Luisa épouserait son prestigieux galant, et Angelo sa mystérieuse apothicairesse grassoise ! Il paraît que le *signor* Tombarelli se montra très intéressé par mes talents de parfumeuse. Comme il projetait de créer un comptoir à Grasse, ses affaires y étant prospères, il ordonna à Angelo d'y vivre, puisqu'il tenait à m'épouser. Cette décision nous ravit, car ainsi je pourrais continuer à voir mon père, Angelo prendrait quelque distance avec sa famille, et se trouverait quasiment le maître de son affaire grassoise.

Nous nous sommes mariés à la fin de l'été. Je portais une robe de soie bleue, et Angelo était magnifique. Ses parents, venus passer quelques semaines à Grasse pour l'occasion, se montrèrent aimables et prévenants autant que je pouvais l'espérer. Maître Clémentis, son épouse et son fils Béranger étaient invités à la noce. La cérémonie fut très émouvante, et la fête superbe. Les parents d'Angelo avaient offert à leur fils une maison neuve, où nous allions nous installer tous deux, et ils y donnèrent un banquet mémorable. Mon père était heureux, et dame Constance était aussi émue qu'aurait pu l'être une mère. Je ne regrettai qu'une chose : l'absence de Colin…

Je vécus alors les plus belles années de ma vie. Je ne me lassais pas de me réveiller chaque matin aux côtés d'Angelo, sachant que j'étais sienne, et que rien ne pouvait nous séparer. Je mis quelques mois à m'habituer au

---

1. Argent, richesse.

luxe de ma nouvelle demeure, mais je n'y passai que peu de temps : chaque jour, j'allais travailler à l'apothicairerie. Quand Géraud termina sa formation, mon père l'associa tout à fait à ses affaires et moi, je me consacrai aux senteurs. Grâce à l'aide précieuse de Constance, j'envoyais régulièrement des flacons de *L'Eau des anges* à Beaucaire, où Gensane restait ma plus fidèle cliente, à Tarascon, mais aussi à Nîmes, Montpellier et Marseille. Ma belle-famille se chargeait même d'en vendre à Gênes ! Pour mon dix-septième anniversaire, Angelo me fit un présent : il avait fait confectionner par un peintre une magnifique enseigne pour notre officine. On y voyait un ange tenant dans sa main un oiseau, et l'artiste avait peint : *Aux oiselets de Chypre* ; c'était désormais le nom de notre apothicairerie. Nous l'accrochâmes en grande pompe au-dessus de la porte d'entrée et chacun nous en fit compliment.

J'attendais notre premier enfant quand Colin fit son apparition, un beau jour de l'hiver 1370. J'étais occupée dans l'officine et je ne le vis pas entrer. Quand il s'écria « Douceline ! » je reconnus sa voix, et crus m'évanouir. C'était bien lui ! Grandi, forci, la peau brunie par le soleil, mais c'était bien mon Colin, avec son sourire d'enfant, franc comme l'or, et aussi ému que moi. Je le fis entrer dans l'arrière-boutique et pressai notre nouvel apprenti d'aller chercher Angelo. Quand il nous rejoignit, je pus mesurer la différence qui existait maintenant entre ces deux hommes. Angelo était vêtu avec raffinement, et l'on sentait les effluves délicates de *L'Eau des anges* à chacun de ses mouvements. Colin était devenu fort et musculeux, il portait les habits d'un soldat et en avait à présent l'assurance. Mais ces deux-là s'aimaient, et se retrouvèrent avec une joie sans mélange, qui s'accrut encore quand mon frère apprit notre mariage. Nous nous apprêtions à poser mille questions à Colin quand il se leva et dit :

— J'aurai plaisir à vous conter tout cela, mais je dois d'abord voir mon père ! Où est-il, Douceline ?

— Il est dans notre hôtel. Il y a sa chambre à présent. Il ne se rend que rarement à l'officine. Il a vieilli…

Colin hocha la tête sans mot dire et nous nous levâmes pour conduire mon frère jusqu'au logis de mon père, qu'il n'avait pas vu depuis deux ans. Une fois sur place, je lui proposai de prévenir le vieil homme afin de lui éviter un choc trop violent, mais il ne le voulut pas. Il entra, et nous restâmes à l'attendre, Angelo et moi, remplis d'inquiétude et d'espoir. Colin sortit de la chambre une bonne heure plus tard, les yeux rougis mais le sourire aux lèvres. Il ne voulut rien nous dire d'autre que ceci :

— Maintenant, je suis en règle avec mon père. Il m'a pardonné !

Le soir, au coin du feu, il nous raconta ses aventures. Il avait erré longtemps dans les environs de Beaucaire avant de trouver Du Guesclin et ses troupes. Mon frère lui rappela sa promesse, et le Breton consentit à le prendre à ses côtés. Ils restèrent en Provence pendant l'automne, puis ils allèrent en Espagne pour aider Henri de Trastamare dans la lutte qu'il menait contre Pierre le Cruel, roi de Castille.

— Nous avons franchi les Pyrénées au mois de décembre, dans la neige, conta Colin. Ce fut épouvantable. Hommes et chevaux tombaient comme des mouches. Nous souffrions d'engelures affreuses et crevions de froid. Notre armée rejoignit ensuite celle d'Henri, qui faisait le siège de la ville de Tolède. Angelo, Douceline, si vous aviez vu cette belle armée espagnole !

Colin était intarissable. Il nous relata comment Henri de Trastamare et Du Guesclin, ayant appris que le Cruel marchait sur Tolède pour secourir la ville, avaient choisi de le prendre par surprise. Ce fut un effroyable carnage et mon frère en fut marqué.

— Du Guesclin a chargé des espions de s'approcher des troupes du Cruel, et j'en étais ! Le Cruel ne se méfiait pas, il avait dispersé ses soldats dans plusieurs villages autour de Montiel, et lui-même s'était installé dans un château. Il avait engagé des Sarrasins[1], des cavaliers magnifiques ! Nous avons observé l'ennemi et sommes rentrés faire notre rapport à messire Bertrand et au roi Henri.

— Que s'est-il passé ensuite ? demandai-je.

— Du Guesclin convainquit le roi qu'il fallait agir vite, à la nuit. Nous avons marché sur le château à la lueur des torches, et nous avons attaqué avant l'aube, aux cris de « Notre Dame Guesclin » et « Castille au roi Henri ! ».

— Tu t'es donc battu ?

— Oui, ma douce, à pied, n'étant pas admis parmi les cavaliers. Ce fut horrible. Les Sarrasins se battaient comme des lions, avec leurs arcs et leurs javelots, mais les nôtres avaient l'avantage de la surprise, et les troupes du Cruel choisirent la fuite. Quand les hommes de messire Bertrand leur tombèrent sus, ce fut une tuerie…

Colin se tut quelques instants sans que nous osions l'interrompre, puis il poursuivit :

— Le gros des troupes se sauva et fut massacré par nos hommes. Le Cruel se barricada dans le château avec

1. Pierre le Cruel était allié avec le sultan Mohammed V, roi de Grenade.

plusieurs chevaliers. Après quelques jours de siège, le Cruel comprit qu'il ne pourrait sortir et envoya un de ses hommes en émissaire, pour tenter de corrompre Du Guesclin. Il lui offrit de l'argent ! C'était stupide, car messire Bertrand est un serviteur loyal. Il prévint le roi Henri.

— Et ? demanda Angelo, comme mon frère se taisait.

— Je ne connais pas tout le détail de l'affaire. Il semble qu'on ait tendu un piège au Cruel. Il a rejoint le roi Henri dans sa tente, et pour finir, celui-ci l'a tué de ses mains. C'était pourtant son demi-frère.

Je poussai un cri d'horreur.

— Oui, Douceline, c'est une bien laide chose que la guerre !

Nous sommes restés un instant sans rien dire, puis mon frère a poursuivi :

— Le Cruel mort, rien ne s'opposait plus au roi Henri. Il règne à présent sur la Castille. Il a nommé Bertrand duc de Molina et l'a comblé d'honneurs.

— Et toi ? demanda Angelo. Tu as quitté les troupes de Du Guesclin ?

— Bertrand a quitté l'Espagne lui aussi. Le roi de France a besoin de lui céans pour en découdre avec les Anglais. Mais je ne le suivrai pas, j'ai vu trop de sang et de massacres pour m'engager dans une autre guerre.

— Mais que vas-tu faire ?

Colin regarda mon mari avec un petit brillement de l'œil :

— En fait, cela dépend de toi, mon frère. Figure-toi que j'ai eu de la chance, après la bataille de Montiel. Messire Bertrand, pour me remercier de mes services, m'a donné un cheval. C'était la monture d'un des hommes du Cruel.

— Fort bien, répondit Angelo, qui ne voyait visiblement pas où Colin voulait en venir.

— Et ce cheval avait dans ses fontes ceci…

Mon frère fouilla son surcot et en sortit une pierre précieuse de toute beauté. Un rubis !

— Je pensais me lancer dans l'aventure, dit Colin, et ceci m'y aidera. Aurais-tu besoin d'un associé, Angelo, quelqu'un qui passerait plus de temps sur un bateau que devant les livres de compte ? Je crois que je ferais un bon marin.

Épilogue

Voilà aujourd'hui quinze ans que je suis mariée avec Angelo. Dieu nous a donné cinq enfants, mais deux sont morts avant leur premier anniversaire, de la fièvre. Les trois autres nous comblent de joie, et mon aînée, que j'ai nommée Cécile, comme ma mère, me paraît avoir hérité de mon goût pour les senteurs. Elle n'avait pas deux ans qu'elle fronçait déjà son petit nez en passant dans la rue des tanneurs… Et à cinq, elle commençait à ôter les pétales des fleurs pour les faire tremper dans un gobelet d'eau, pensant fabriquer du parfum ! Oui, Cécile suivra mes traces, je le crois, alors que mon petit Jean ne rêve que voyages et horizons lointains, comme son père Angelo. Quant au dernier, un autre garçon, il est trop petit pour que je lui rêve un avenir.

Mon père nous a quittés. Il s'est endormi paisiblement un soir, après s'être confessé et avoir reçu les derniers sacrements. Colin et moi étions assis à ses côtés, lui tenant la main. Constance a pris de l'âge, mais reste toujours aussi alerte et volontaire. Elle est la marraine de Cécile et la gâte beaucoup trop.

Colin et Angelo s'entendent à merveille. Mon frère a très vite appris le métier de marin, et il passe plus de temps sur mer que sur terre ; cela lui convient fort bien. Quant à mon époux, vivre à ses côtés est un bonheur. Il s'absente toutefois trop souvent à mon goût. Les voyages en mer sont périlleux et je crains toujours, en le voyant partir, ne jamais le voir revenir.

Chaque matin, je laisse la maison à Fanette et à Jeanne, et je me rends à l'apothicairerie. Je continue à distiller moi-même *L'Eau des anges*, qui a fait la réputation de notre boutique. En voyant son enseigne, j'éprouve toujours le même bonheur : celui d'avoir reçu un talent, d'avoir pu le faire grandir, s'épanouir, celui de créer, jour après jour, des senteurs qui rendent heureux, qui apportent un peu de joie et de beauté à notre temps. Il en a si cruellement besoin. Et je ne souhaite qu'une chose, que ce bonheur-là me dure longtemps, et que ma fille, un jour, le connaisse à son tour.

Annexe

Parfums, cosmétiques et hygiène à l'époque de Douceline

Les parfums

Les parfums s'apprécient d'abord parce qu'on leur prête des vertus médicales. La pâte parfumée des pomanders, des oiselets de Chypre, et les vinaigres aromatiques sont censés protéger celui qui les respire. Ce sont des produits de luxe, car les matières premières sont chères.

On utilise :

• des fleurs : rose, violette, lavande et romarin, sous forme de pétales séchés ou d'eaux de fleurs ;

• des produits parfumés d'origine animale : musc, civette, ambre ;

• des aromates orientaux : cannelle, benjoin, santal.

On parfume sa peau, ses cheveux, et aussi sa maison, avec des aspergeoirs qui projetent des gouttelettes sur les tentures, les meubles ou les vêtements, et des brûle-parfums. N'oublions pas les fameux oiselets de Chypre qui exhalent leur senteur à travers les barreaux de petites cages d'or et d'argent.

Tout cela va évoluer grâce aux progrès de la distillation. Le premier parfum à base de romarin et d'alcool, proche de nos eaux de Cologne actuelles, apparaît en 1370 et connaîtra une célébrité inouïe : c'est *L'Eau de la reine* de Hongrie. On l'utilisera jusqu'au XIXe siècle, autant pour son odeur que pour ses vertus. On s'en frictionne, et on la boit, pour soulager toute une série de maux, du mal de tête aux rhumatismes en passant par les soucis digestifs. Cette eau a même sa légende : un moine l'aurait créée pour la reine de Hongrie, vieillissante et ridée, et grâce à cet élixir, elle aurait retrouvé jeunesse et beauté, à tel point que le roi de Pologne la demandera en mariage. *L'Eau des anges* du roman s'inspire de ce parfum.

Le métier de parfumeur n'existe pas, on trouve des préparations parfumées chez l'apothicaire, le colporteur ou l'épicier.

Les bains et l'hygiène

Au XIVe siècle, on se baigne. Les plus riches disposent d'un cuvier de bois doublé de tissu pour éviter les échardes, et offrent un bain parfumé à leurs hôtes. On se baigne souvent à plusieurs. La nudité n'est pas choquante. Dans les plus grandes villes, on peut utiliser les étuves publiques, des établissements de bains qui ont parfois une réputation douteuse.

La beauté

Le maquillage est discret, la mode est à la pâleur. On trouve des recettes pour supprimer les taches de rousseur et des crèmes de beauté. Les coquettes utilisent le rasoir et la pince à épiler. L'Église et les moralistes critiquent sévèrement l'emploi des parfums et des cosmétiques, mais en vain : à la fin du Moyen Âge, il s'était largement répandu.

La recette

Voici la liste des ingrédients donnés par la faculté de médecine de Paris, en 1348, pour confectionner des pomanders :

Storax (benjoin), calamite (gomme résine du roseau), gomme arabique, myrrhe, encens, aloès, roses rouges, santal, musc, noix de muscade, girofle, macis (capsule odoriférante de la noix de muscade), noix de ben, coquille d'huître byzantine, karabé (ambre jaune), semences de basilic, calame aromatique, marjolaine, sarriette, menthe sèche, racine de giroflier, bois d'aloès, ambre, musc, camphre, huile de nard, huile de muscatelline, et un petit fragment de cire blanche.

Soit vingt-huit produits différents !

CHEZ LE MÊME ÉDITEUR

NUIT TATOUÉE
La peau des rêves

Charlotte Bousquet

Être libre de son destin. Venger ses parents massacrés par des Chimères, alors qu'elle n'était qu'un bébé. Telles sont les ambitions de Cléo, orpheline élevée par le clan du Passage, ennemi juré des créatures hybrides.

Jusqu'au jour où, combattant l'une d'elles, Cléo voit ses certitudes voler en éclats. D'où vient son tatouage au poignet, étrangement semblable à celui de la Chimère ? Que signifient ces visions terribles liées à la mort des siens ?

Convaincue que son adversaire connaît la clé de son passé, l'adolescente se lance sur ses traces. En chemin, elle affrontera la haine, la trahison… et son désir pour Axel, un ténébreux ailé.

Passionnée par l'histoire, la mythologie et les contes, ***Charlotte Bousquet****, née en 1973, est l'auteure de quinze romans dont* La Marque de la bête *(Mango, 2009),* Noire Lagune *et* Princesse des os *(Gulf Stream, 2010).* Cytheriae *(Mnémos, 2010) a reçu le premier prix Elbakin en 2010 et le prix Imaginales en 2011.*

ISBN 978-2-8098-0562-8 / H 50-8622-8 / 240 pages / 14,50 €

AVANT LES TÉNÈBRES
Chroniques de la Mort blanche
Livre 1

Nicolas Cluzeau

Une étrange épidémie ravage les Franges féeriques d'Orlandie, décimant les druides et les magiciens, garants des libertés de l'île. Profitant de la vacance du pouvoir, Endrew, fils d'un seigneur maudit, se proclame Haut Roi. Les Marches méridionales refusent son autorité. Toute la région est alors entraînée dans une sanglante guerre civile.

Arline et Sean, deux jeunes sorciers secondés par un puissant troll, tentent de trouver le remède au mal qui anéantit leurs congénères. Guidés par Lorcan, limier des Marches du Sud, ils vont atteindre la Tour d'Émeraude.

L'antique citadelle voilée de mystère pourrait bien détenir les réponses qu'ils cherchent désespérément. À condition d'en décrypter au plus vite les arcanes. Car, dans ces ténèbres qui souillent la magie et rongent le cœur des êtres, l'espoir se meurt peu à peu…

Né en 1968, ***Nicolas Cluzeau*** *est l'auteur de nombreux romans de fantasy, dont* Harmelinde et Deirdre, *la tétralogie du* Dit de Cythèle *(rééd. Blackbook 2011),* Le Jour du lion *(Mango, 2008),* Rouges Ténèbres, Chasses olympiques, Lame de corsaire *(Gulf Stream 2009 à 2011). Résidant à Istanbul, il partage son temps entre l'écriture, les jeux de rôle et les études historiques.*

ISBN 978-2-8098-0564-2 / H 50-8624-4-1110 / 304 pages / 15,50 €

Cet ouvrage a été composé
par Atlant'Communication
au Bernard (Vendée)

Impression réalisée par

Présence Graphique à Monts (37)

en avril 2014
pour le compte des Éditions de l'Archipel
département éditorial
de la S.A.S. Écriture-Communication

Loi n° 49-956 du 16 juillet 1949 sur les publications destinées à la jeunesse.

Imprimé en France
N° d'impression : 041448007
Dépôt légal : octobre 2011